INDISCH VEGETARISCH

DIE BESTEN FAMILIENREZEPTE AUS GUJARAT

MANJU PATEL

FOTOGRAFIEN VON CLARE WINFIELD

Librero

In liebender Erinnerung an meinen geliebten Ehemann (Shirish Patel)

Titel der Originalausgabe: *Manju's Cookbook*

www.librero-ibp.com

Die englische Originalausgabe erschien
2023 bei Ryland Peters & Small Limited,
20-21 Jockey's Fields, London WC1R 4BW.

Design Megan Smith
Redaktion Abi Waters
Kreativdirektion Leslie Harrington
Redaktionsleitung Julia Charles
Herstellung Gordana Simakovic
Manjus Köcheteam Manju Patel, Dipali Patel und Kirti Patel
Foodstylist Troy Willis
Propsstylist Hannah Wilkinson
Register Vanessa Bird
Illustration Lyndon Hayes

Übersetzung aus dem Englischen:
Anita Weinberger-Schwendenwein, Wien
Redaktion und Satz der deutschen Ausgabe:
Print Company Verlagsges.m.b.H., Wien

Printed by GPS Group

ISBN: 978-94-6499-014-0

ANMERKUNGEN

- Alle Angaben in Löffelmaßen beziehen sich auf gestrichene Löffel, wenn nicht anders angegeben.
- Der Backofen sollte auf die angegebene Temperatur vorgeheizt werden. Die Rezepte in diesem Buch wurden mit einem normalen Ofen getestet. Bei Verwendung eines Backofens mit Umluft folgen Sie den Anweisungen des Herstellers, um die Temperaturen anzupassen.
- Wenn ein Rezept nach geriebenen Schalen von Zitrusfrüchten verlangt, kaufen Sie ungewachste Früchte und waschen Sie sie vor der Verwendung. Sollte nur behandeltes Obst zur Verfügung stehen, bürsten Sie es vor der Verwendung kräftig mit warmen Seifenwasser ab.
- Zum Frittieren sollte man immer einen weiten, tiefen Topf und Öl mit hohem Rauchpunkt verwenden. Mit einem Thermometer überprüfen, ob das Öl heiß genug zum Frittieren (180 °C) ist.
- Wenn sachdienlich, ist jedes Rezept ist mit folgenden Icons gekennzeichnet:

(V) Vegan (GF) Glutenfrei (NF) Nussfrei

Bei Verwendung von Asafoetida achtgeben – einige Marken verwenden Gluten bei der Herstellung. Wir verwenden immer eine glutenfreie Variante, aber überprüfen Sie bitte die Marke vor der Verwendung.

INHALT

EINLEITUNG

Man sagt, „Heimat ist dort, wo das Herz ist“. Obwohl sich mein Herz heute ganz eindeutig in Brighton, einer Stadt am Meer an der Südküste von England, befindet, bleibe ich für immer eine Gujarati. Zu Hause essen wir Speisen aus Gujarat, als ob wir immer noch in Indien wären.

Mein Vater übersiedelte nach Afrika, um sein Glück in Kenia, dem Land der Hoffnung, zu versuchen. Er arbeitete im Hafen von Mombasa, meine Mutter war Hausfrau. Nach ein paar Jahren übersiedelten sie nach Kampala in Uganda und eröffneten einen Lebensmittelladen.

Es war Brauch, dass Frauen, die ein Kind erwarteten, für die Geburt zurück zu ihren Eltern gingen. Als meine Mutter mit mir schwanger wurde, kehrte sie nach Indien zurück. Das hieß eine Zugfahrt nach Mombasa und eine mehrere Wochen dauernde Schiffsreise nach Indien und eine

Zugreise nach Gujarat, wo ich 1936 auf die Welt kam. Nach ein paar Monaten kehrten meine Mutter und ich nach Kampala zurück.

Wie die meisten Töchter half ich von klein auf beim Kochen. Uganda ist ein fruchtbares Land mit üppigen Ernten, also kochten wir immer das, was gerade Saison hatte. Meine Mutter blieb dem Gujarati-Erbe treu und kochte auch so. Wir aßen eine Menge grünes Gemüse und Currys wie *Giloda Bateta nu* (Tindola und Kartoffel-Curry, siehe Seite 51) und *Mogu nu shaak* (Maniok-Curry). In unserer Küche steht Gemüse an erster Stelle und ausgleichende Kräuter verstärken den Geschmack.

Ich bekam einen Bruder und eine Schwester; und meine ältere Schwester heiratete und zog zu ihrem Mann. Als ich 12 Jahre alt war, geschah die Tragödie. Mein Vater starb ganz plötzlich. Meine kleine Schwester war 7 und mein Bruder 4. Meine Mutter, eine entschiedene, willensstarke Frau, musste drei kleine Kinder allein aufziehen. Ihr Arbeitsethos war enorm und sie war eine ausgezeichnete Köchin. Meine Mutter begann, mittags für andere zu kochen, und versorgte die Asiaten, die indisches Essen vermissten, mit hausgemachten Speisen.

Ich ging nicht zur Schule, da meine Mutter und ich jeden Morgen etwa 35 Mittagessen zur Abholung zubereiteten. Sie bestanden aus zwei Currys – einem vegetarischen, etwa aus Kartoffeln und Auberginen, und einem Dal, beispielsweise aus Mungobohnen. Dazu gab es Brot, Reis, *Papad*, Pickles und *Mithai* (indische Süßspeisen). Meine Liebe zum Kochen stammt aus dieser frühen Zeit; ich genoss es, mit meiner Mutter auf dem Markt Gemüse auszusuchen, Gewürze zu reiben und daraus Mischungen herzustellen. Die Gerüche, Aromen und lächelnden Gesichter, wenn die Leute unser Essen verzehrten, verstärkten meine Leidenschaft. Mit 14 konnte ich alles allein zubereiten, und meine Mutter unterrichtete die Kinder in der Nachbarschaft. Es war zwar hart, aber so konnten wir meine Geschwister für gute Bildung auf gute Schulen schicken.

Ich lernte meinen Mann Shirish kennen, und wir heirateten. Ich verließ mein Heim, um mit ihm und seiner Familie zu leben. Seine Mutter war strikte Anhängerin des Jainismus, einer hinduismusähnlichen Religion mit strengen Regeln. Fleisch, Fisch und Eier sind verboten sowie Wurzelgemüse, das viele Mikroorganismen enthält, die absterben, wenn man es aus der Erde zieht. Ich musste meine Art zu kochen komplett umstellen, um mich an die Essensregeln meiner neuen Familie anzupassen. Es gibt im Janaismus auch bestimmte Zeiten, wann man essen darf, was ich auch berücksichtigen musste.

Mein Mann gründete ein Unternehmen mit Kaffeelager (Uganda war damals einer der wichtigsten Kaffeeanbaugebiete). Sein Geschäft florierte und

er erweiterte es zur Kaffeeproduktion – er besaß zwei Fabriken am Stadtrand von Kampala. 1965 wurde mein ältester Sohn Jaymin geboren, und 1970 bekam ich meinen zweiten Sohn. Unser Leben war sehr komfortabel, doch ich war immer noch dafür verantwortlich, für die ganze Familie zu kochen.

1972 beschloss der Präsident von Uganda, Idi Amin, alle Asiaten aus dem Land zu vertreiben, und gab ihnen 90 Tage Zeit, das Land zu verlassen. Er war ein brutaler Diktator, der alle verbliebenen Asiaten danach hinrichten ließ.

Wir hatten die Wahl, entweder nach Indien zurückzukehren oder nach Großbritannien zu gehen. Da wir britische Pässe besaßen, entschieden wir uns dafür. Gemeinsam mit Zehntausenden Asiaten ließen wir alles in Uganda zurück, unser Zuhause, unsere Firma, Freunde und Familienmitglieder, die in andere Länder auswanderten. Alles war so anders – Land, Sprache, Bräuche und Kultur. Und es war eisig kalt!

Wir hatten zwar die Erlaubnis, unsere Kleider aus Uganda mitzunehmen, doch im Chaos von Heathrow verloren wir einige unserer Koffer, die wir nie wiederbekamen. Mein jüngerer Bruder war einige Jahre zuvor nach Großbritannien gekommen, so konnte er es arrangieren, dass wir mit einer anderen indischen Familie einige Räume in der Nähe von Alexandra Palace in London mieten konnten.

Schon wenige Tage nach unserer Ankunft fand ich einen Job als Fabrikarbeiterin bei MK Electricals, einer großen Firma, die elektrische Stecker und Steckdosen herstellte. Im London der 1970er-Jahre gab es viele Fabriken und man bekam leicht eine Arbeit – zwar nicht glamourös, aber sicher. Shirish bekam einen Job in einer Autolampenfabrik.

Ein paar Tage nach unserer Ankunft wurde in unser Haus eingebrochen, und die paar Kleider und Besitztümer, die wir noch hatten, wurden beschädigt oder ganz ruiniert.

Langsam bauten wir unser Leben wieder auf. Trotz all dieser Unbill blieben unsere Rezepte dieselben. Einige Zutaten, mit denen wir in Uganda gekocht hatten, waren in Großbritannien schwer zu bekommen, und das Kochen mit Knoblauch störte die Nachbarn. Wie haben sich die Dinge dann geändert? Es fanden oft große Familienzusammenkünfte statt und wir veranstalteten Festivals wie Diwali, wofür wir speziell indische Snacks und Süßspeisen zubereiteten. Mein Bruder drängte mich dauernd, ein Catering-Service oder Restaurant zu eröffnen. Wir hatten jedoch wenig Geld und das Risiko war zu groß. Ich kochte zwar leidenschaftlich gern und träumte von meinem eigenen Unternehmen, aber zu diesem Zeitpunkt wagte ich es nicht, das Risiko auf mich zu nehmen.

Als meine Buben erwachsen wurden, machten sie schließlich in Brighton einen Geschenkartikelladen auf. Meine Familie bedeutet mir alles – als schließlich Enkelkinder kamen, übersiedelten Shirish und ich nach Brighton, um bei ihnen zu leben. Ich ging nach 30 Jahren Arbeit an Maschinen und Kistenpacken in Rente und war nun frei.

An einem sonnigen Nachmittag im April 2017 führten mich meine Söhne in eine kleine Straße in North Laines, Brighton. Als wir anhielten, bemerkte ich über einem Laden ein Schild, auf dem „Manju's" stand. Beim Eintreten stellte ich etwas Ungewöhnliches fest – einige Sachen, die mir gehörten, hingen an den Wänden und meine Küchenutensilien standen dort. Dann fiel es mir wie Schuppen von den Augen – sie hatten mir ein Restaurant gekauft. Damals war ich 80 Jahre alt – und hatte ENDLICH mein eigenes Restaurant. Ich weine leicht, und an diesem Tag flossen reichlich Freudentränen.

Manju's eröffnete am 16. April 2017 und wir servierten vegetarisches Gujarati-Essen, das sich stark von dem unterscheidet, was man in den meisten Curry-Häusern bekommt. Echtes indisches Essen ist nicht leicht zu bekommen, doch es wird immer besser. Wir sind entschlossen, dieselben Prinzipien und Techniken anzuwenden, die mich meine Mutter gelehrt hat – Liebe zu frischem Gemüse und Gewürzen in Gerichten, die glücklich machen.

Ich bin sehr glücklich, dass mein jüngerer Sohn mit Dee verheiratet ist, einer Küchenchefin, die viele Jahre in Restaurants arbeitete. Gemeinsam mit ihr und meiner anderen Schwiegertochter Kirti führen wir die Küche. Meine Söhne sind im Service, und an den Wochenenden arbeiten auch meine Enkel im Restaurant – obwohl ich sicher bin, dass sie wie andere Teenager auch die Zeit lieber mit ihren Freunden verbringen würden!

Manju's hat sich einen fantastischen Ruf erworben, auf den wir sehr stolz sind. Die örtliche Gemeinschaft gibt uns viel Liebe und Unterstützung. Unser Job ist es, uns für echtes indisches Essen, insbesondere aus Gujarat, einzusetzen und die gängige Meinung über indisches Essen zu ändern.

Wir heißen Sie bei uns willkommen und hoffen, Sie kochen und experimentieren mit unseren Rezepten. Aber am meisten hoffen wir, Ihnen mit unserem Essen Freude zu bereiten.

MANJU'S

MANJU'S

Unser wunderbares, familiengeführtes Restaurant im Herzen von Brighton ist bei vielen beliebt und ein treuer Spiegel der Gujarati-Küche. Hier produzieren wir auch unsere Auswahl an köstlichen Chutneys.

DIE KÜCHE VON GUJARAT

Bei vielen ruft „indisch essen" Bilder von mit Samttapeten dekorierten Restaurants hervor, die Chicken Tikka (nicht einmal ein echtes indisches Gericht) und den Machismo herausforderndes Vindaloo servieren und wo all das mit kalten Bier hinuntergespült wird. Aber das Bild stimmt einfach nicht! Echtes indisches, von Indern gekochtes Essen ist eine Symphonie zarter Geschmäcker, Texturen und Aromen, die auf hausgemachten Rezepten, die von Generation zu Generation weitergegeben werden, basieren.

Gujarat ist ein Bundesstaat an der Westküste Indiens, nördlich von Mumbai. Religion, Tradition und Geografie spielen in Gerichten der Region eine große Rolle, und durch den Einfluss von Hinduismus und Jainismus herrscht in der Küche Gemüse vor. Vor etwa 2000 Jahren vertraten alle drei großen indischen Religionen – Hinduismus, Jainismus und Buddhismus – Gewaltfreiheit als ethischen Wert, und Essen, für das Tiere geschlachtet wurden, wurde als Form von Gewalt gegen Lebewesen angesehen, somit wurde es religiös und sozial inakzeptabel, Fleisch zu essen. Jainismus respektiert alle Lebensformen und vermeidet Essen, bei dem ein Lebewesen Schaden nimmt.

Auch das Klima hat starken Einfluss auf das Gujarati-Essen. Die Temperaturen in Gujarat variieren zwischen milden Wintern und sengend heißen Sommern bis zu 50 °C, deshalb wird den Speisen Salz, Zitrone und Zucker beigegeben, um Dehydrierung vorzubeugen. Das Wetter beeinflusst ebenfalls den Anbau, da Gemüse, das gemäßigtes Klima benötigt, hier nur schwer wächst. In großen Mengen anbauen kann man Kartoffeln, Zwiebeln, Knoblauch, Okra und Tomaten, um nur einige zu nennen.

Das Essen variiert je nach Region und sogar nach Geschmack der jeweiligen Familie. Ich aß mein ganzes Leben lang Gujarati-Essen, und jeden Sonntag gab es ein großes Familienmahl, das aus mehreren Currys, Dals, Reis und vielen Zuspeisen bestand. Bei uns existieren keine Vor-, Haupt- und Nachspeisen, sondern man stellt große Pfannen in die Mitte des Tisches, sodass sich jeder selbst bedienen kann. Die Idee dahinter ist, dass man scharfe, süße und saure Geschmäcker ausbalanciert. Das beste Beispiel dafür ist ein Gujarati *Thali*. Es besteht aus mehreren Currys – eines mit, eines ohne Sauce –, Brot, das man wie mit einen Löffel verwendet, Reis, einem Dal, scharfe und süße Pickles, um die Schärfe auszugleichen.

Wir lieben Snacks und haben Behälter voller Leckereien wie Gathiya (siehe S. 115), die man immer öffnet, wenn man Lust hat. Bei Besuchen ist ein großer Topf Masala Chai (siehe S. 164) ein Muss als Begleitung für Snacks. Gujarati haben von Natur aus eine Vorliebe für Süßes – Sheero (siehe S. 159) und Lapsi (siehe S. 155) werden bei Festivals und festlichen Gelegenheiten, wie Hochzeiten und Geburtstagen gegessen.

Adaptieren Sie die Rezepte nach Ihrem Geschmack und lassen Sie sich treiben, und – vor allem – haben Sie Spaß dabei!

DER GUJARATI-VORRATSSCHRANK

GEWÜRZE

ASAFOETIDA *(Hing)* Ein scharfes Pulver, um Öl in kleinen Mengen zu aromatisieren. In einem luftdicht verschließbaren Behälter aufbewahren.

KARDAMOM *(Elachi)* Erhältlich in verschiedenen Formen, auch als Pulver, aber grüner Kardamom in Knospen, mit stark ausgeprägtem Geschmack, wird am häufigsten verwendet.

AJOWAN-SAMEN *(Ajmo)* Es sind winzige Samen mit starkem Aroma. Ein wenig davon genügt, um Öle zu würzen. Sie wirken wie Kräuter, deshalb verwendet man sie auch bei Verdauungsproblemen.

CHILIPULVER *(Lal mirchu)* Es gibt viele Arten in unterschiedlichen Schärfegraden – passen Sie die Rezepte an. Kaschmir-Chili ist weniger feurig und verleiht den Gerichten eine wunderbare Farbe.

ZIMT *(Taj)* Weit verbreitet – für ein warmes, nussiges Aroma von Haupt- und Nachspeisen sowie Reis.

GEWÜRZNELKEN *(Larving)* Ein starkes Gewürz, oft im Ganzen verwendet; in Pulverform für Gewürzmischungen wie Masala Chai (siehe S. 164).

KORIANDER *(Dhania)* Eines der gebräuchlichsten Gewürze unserer Küche, im Ganzen oder als Pulver, doch am besten verwendet man ganze Samen, die vor Gebrauch zerstoßen werden.

KREUZKÜMMEL *(Jeeru)* Im Ganzen oder gemahlen und oft mit gemahlenem Koriander verwendet. Samen sollte man vor dem Gebrauch zerstoßen.

CURRYBLÄTTER *(Limri)* Wenn möglich frische Blätter verwenden. Meist in Öl eingelegt für Vagar (scharfes Öl).

BOCKSHORNKLEE *(Methi)* Erhältlich frisch, als Samen oder zerstoßen. Bockshornklee schmeckt bitter und ist in der indischen Küche weit verbreitet.

GARAM MASALA Gewürzmischung für viele Gerichte – sie ist leicht erhältlich und besteht unter anderem aus Zimt, Kardamom, Kreuzkümmel, schwarzem Pfeffer und Gewürznelken.

SENFKÖRNER *(Rai)* Es gibt verschiedene Sorten, wir verwenden hauptsächlich braune Senfkörner.

KURKUMA *(Haldi)* Frisch oder als Pulver – wir verwenden gemahlenen Kurkuma. Das starke gelbe Pulver ist eines der beliebtesten Gewürze der indischen Küche. Man sollte nur wenig verwenden, zu viel könnte ein Gericht zu sehr dominieren.

GRUNDNAHRUNGSMITTEL

BASMATI-REIS Es gibt sehr viele Reissorten, aber wir verwenden Basmati, der im allgemeinen am besten für die indische Küche geeignet ist, da er langkörnig ist und angenehm duftet.

KICHERERBSENMEHL *(Besan)* Dieses Mehl aus gemahlenen Kichererbsen wird oft für Bhajia (Frittiertes) und einige indische Süßspeisen verwendet.

CHANA DAL *(gelbe Spalterbsen)* Für eines der bekanntesten Dals müssen sie vor dem Kochen eingeweicht werden.

MOONG DAL *(gelbe Mungobohnen)* Man muss sie nicht einweichen, sie sind leicht verdaulich und können auch von Babys gegessen werden.

SEV Knusprige Kichererbsennudeln, die in Streetfood-Gerichten und als Snack gegessen werden (siehe S. 111).

TUVAR DAL *(gelbe Linsen/getrocknete Straucherbsen)* Man muss sie ordentlich waschen und länger einweichen; dieses Dal benötigt mehr Vorbereitung als die meisten.

URAD DAL *(schwarze Urdbohnen)* Diese Linsen z. B. für Dahi Vada (siehe S. 130) stammen aus derselben Familie wie Mungobohnen, müssen aber eingeweicht werden.

WICHTIGSTE GEMÜSESORTEN

Gujarat ist ein sehr fruchtbares Land. Die meisten Leute in den Dörfern arbeiten in der Landwirtschaft. Das Klima beeinflusst den Anbau und man konsumiert das Gemüse hauptsächlich saisonal. Obwohl man heute die meisten Gemüsesorten das ganze Jahr über bekommt, empfehlen wir, wenn möglich saisonale Produkte zu verwenden. Hier sind einige indische Gemüsesorten, mit denen Sie vielleicht nicht vertraut sind und die wir gerne in unserer Küche verwenden.

BHINDA *(Okra/Ladyfingers)* Entweder liebt oder hasst man dieses Gemüse; manche finden es zu schleimig. Doch ordentlich gekocht, nimmt Okra Gewürze wirklich gut auf und eignet sich deshalb perfekt für unsere Gerichte.

DHUDHI *(Flaschenkürbis)* Als Teil der Kürbisfamilie besitzt dieses Gemüse eine angenehm weiche Textur, die sich gut für Chana Dal oder Handvo (siehe S. 19) eignet.

GHILODA *(Tindola/Scharlachranke)* Aufgrund ihres Aussehens auch Baby-Wassermelonen genannt, verwendet man sie für Currys allein oder mit anderen Gemüsesorten. Suchen Sie beim Einkaufen nach schlanken Exemplaren.

GUVAR *(Guarbohnen)* Diese Bohnen sind lang und schmal mit spitzen Enden, die man vor dem Kochen meist abschneidet. Sie schmecken ein wenig bitter. Man kann stattdessen auch grüne Bohnen verwenden.

HYAZINTHBOHNEN *(Helmbohnen)* Eine sehr bekannte Bohnensorte in Gujarat – grün, flach, mit weicher Haut. Jeder Teil der Pflanze ist essbar und wird verwendet. Man kann sie auch durch Feuerbohnen ersetzen.

GEWÜRZPASTEN

Wenn Sie oft indisch kochen, spart es viel Zeit, wenn man diese wichtigen Pasten vorbereitet zur Hand hat. Selbst gemachte Pasten sind viel besser als gekaufte; sie sind frisch, ohne Konservierungsmittel und einfach herzustellen. Es ist nun mal so, dass die indische Küche eine Menge Zutaten und viel Zeit verlangt, deshalb ist vorab Zubereitetes ein echter Bonus.

INGWER-CHILIPASTE

10 grüne Chilischoten
8–10 cm großes Stück frischer Ingwer, geschält
1 Prise Salz

ERGIBT ETWA 60 G

INGWER-KNOBLAUCH-CHILIPASTE

12–13 Knoblauchzehen, geschält
5–6 cm großes Stück frischer Ingwer, geschält
20 grüne Chilischoten
1 Prise Salz

ERGIBT ETWA 150 G

INGWER-KNOBLAUCHPASTE

12–13 Knoblauchzehen, geschält
5–6 cm großes Stück frischer Ingwer, geschält
1 TL Sonnenblumenöl

ERGIBT ETWA 100 G

Alle Zutaten in einer Küchenmaschine oder einem Mixer zu einer feinen Paste pürieren. Bei Bedarf etwas Wasser (oder Öl für die Ingwer-Knoblauchpaste) zugeben, um sie glatter zu machen. Man kann die Pasten in einem luftdicht verschlossenen Behälter 3–4 Tage im Kühlschrank aufbewahren. Zu Currys beimischen, wenn es verlangt wird.

FARSAN
ZUM TEILEN

DHOKLA

SALZIGER GEDÄMPFTER BISKUITKUCHEN

(V) (GF) (NF)

Es gibt nichts Typischeres für Gujarati als Dhokla! Da dieser Teig gedämpft wird, bevor er mit Gewürzöl und Curryblättern versehen wird, verwenden Sie wenn möglich einen Dampfgarer, andernfalls folgen Sie den Schritten, die hier angegeben werden. Man serviert es zum Frühstück oder als Snack mit Lili-Chutney (siehe Seite 147).

1½ TL Salz
⅛ TL Kurkuma, gemahlen
2 EL Puderzucker
2½ EL Sonnenblumenöl
1½ EL Ingwer-Chilipaste (siehe Seite 14)
2 EL Zitronensaft, frisch gepresst
300 g Kichererbsenmehl
1 EL Eno-Fruchtsalz (siehe Anmerkung)
1 Prise Chilipulver

VAGAR (GEWÜRZÖL)

60 ml Sonnenblumenöl
½ EL Senfkörner
½ EL Sesamkörner
½ TL Asafoetida
10 Curryblätter
2 EL Puderzucker

ZUM SERVIEREN

Frischer Koriander
Frische Kokosraspel
Lili-Chutney (siehe Seite 147)

Runde Kuchenform (23 cm Durchmesser), mindestens 7 cm tief, befettet

ERGIBT 4 PORTIONEN

400 ml Wasser in eine Schüssel gießen, Salz, Kurkuma, Puderzucker und Öl zugeben. Mit einem Schneebesen aufschlagen, bis sich der Zucker aufgelöst hat. Ingwer-Chilipaste und Zitronensaft zugeben und gut verrühren.

Kichererbsenmehl in eine separate Schüssel sieben.

Langsam die feuchte Mischung zum Kichererbsenmehl geben und vorsichtig unterrühren. Danach alles einmal schnell zu einem Teig aufschlagen, der weder zu dick, noch zu flüssig ist.

Zum Dämpfen einen tiefen Topf auf den Herd stellen. Einen kleineren Topf ohne Henkel fast bis zum Rand mit Wasser füllen und in den großen Topf stellen. Das stellt sicher, dass der kleine Topf sich während des Dämpfens des Dhokla nicht bewegt.

Den tiefen Topf fast bis 1 cm unter dem Rand des kleineren mit Wasser füllen. Zudecken und bei starker Hitze Wasser zum Kochen bringen.

Teig einmal umrühren, Eno Fruchtsalz zugeben und 30 Sekunden schnell einarbeiten; die Masse wird die Farbe verändern und dicker werden. Teig in die befettete Kuchenform füllen und ein wenig mit Chiliflocken bestreuen.

Kuchenform in den Dampfgarer geben, sodass sie auf dem kleineren Topf steht und mit einem Deckel zudecken. Ein sauberes Geschirrtuch um die Kanten wickeln, sodass kein Dampf austreten kann. 18–20 Minuten dämpfen. Überprüfen, ob das Dhokla gar ist, indem man ein Messer in der Mitte einsticht; wenn es sauber bleibt, ist es fertig, wenn nicht, noch etwas länger dämpfen und nochmals überprüfen.

Wenn das Dhokla fast fertig ist, Vagar zubereiten. Öl in einem kleinen Topf bei starker Hitze erwärmen. Sobald es heiß ist, Senfkörner zugeben. Sobald diese aufspringen, restliche Zutaten sowie 120 ml Wasser zugeben und unter gelegentlichem Umrühren 5 Minuten kochen lassen.

Das fertige Dhokla aus dem Dampfgarer nehmen und mit Vagar übergießen. Mit Koriander garnieren und mit Kokoraspeln bestreuen. In Quadrate schneiden und mit Lili-Chutney servieren

ANMERKUNG: *Das Eno-Fruchtsalz in diesem Rezept kann man in indischen Läden oder online kaufen. Es hat eine ähnliche Wirkung wie Backpulver und wird als Treibmittel verwendet.*

HANDVO

LINSENKUCHEN MIT SESAMKÖRNERN

(V) (NF)

Handvo macht man, indem man Reis und Linsen zusammen zu einer Masse püriert, die dann mit Gemüse und eingelegten Gewürzen gefüllt wird. Die Masse kann man auch vorgefertigt in Asialäden kaufen, aber der hausgemachte Teig ist nicht zu schlagen. Man kann verschiedenen Gemüsesorten für Handvo verwenden; in diesem Rezept nehme ich Flaschenkürbis und Karotten, obwohl Zucchini auch gut geeignet sind. Ich mag die goldene Kruste, die durch die Sesamkörner entsteht, wirklich gern.

TEIG

500 g Basmati-Reis
200 g Tuvar dal (gelbe Linsen/ getrocknete Straucherbsen)
50 g Chana dal (schwarze Spalterbsen, geschält)
400 g Dhudhi (Flaschenkürbis), geschält und geraspelt
1 kleine Karotte, geraspelt
100 g Chapati-Mehl (Vollkorn-Weizenmehl)
80 ml Sonnenblumenöl, plus extra zum Befetten
½ TL Natron/Backpulver

MASALA-MISCHUNG

1 EL Salz
3 EL Zucker
1 Prise Kurkuma, gemahlen
3 EL Ingwer-Knoblauch-Chilipaste (siehe Seite 14)
2 EL Zitronensaft, frisch gepresst

VAGAR (GEWÜRZÖL)

80 ml Sonnenblumenöl
1 EL Senfkörner
1 EL Sesamkörner
½ TL Bockshornkleesamen
½ TL Asafoetida

GARNIERUNG

Sesamkörner
Chilipulver

Backblech (30 x 25 cm), mindestens 4 cm tief, befettet

ERGIBT 4 PORTIONEN

Reis, Tuvar und Chana dal in eine große Schüssel geben und mehrmals waschen, bis das Wasser klar ist.

240 ml kaltes Wasser zugeben, sodass die Reis-Linsen-Mischung vollständig damit bedeckt ist und mindestens 2–3 Stunden, idealerweise über Nacht, einweichen.

Backofen auf 180 °C vorheizen und Backblech mit Öl, bestreichen (auch die Seiten).

Mischung abgießen, dabei Einweichwasser entfernen, und in einem Mixer geben. 240 ml frisches kaltes Wasser zugeben und zu einer groben Paste pürieren. Achtung, nicht zu lange mixen.

In eine große Schüssel geben, Dhudhi und Karotten zugeben und in die Mischung einarbeiten. Chapati-Mehl, Öl und Backpulver zugeben und gut vermengen.

Masala-Mischung in einer separaten Schüssel zubereiten. Salz, Zucker, Kurkuma, Zitronensaft und Ingwer-Knoblauch-Chilipaste zugeben, gut verrühren, zur Reis-Linsen-Mischung geben und gut vermengen.

Für das Vagar Öl in einer kleinen Pfanne bei mittlerer Hitze 1 Minute erwärmen. Senfkörner zugeben und sobald sie aufspringen die anderen Zutaten zugeben. Pfanne kurz schwenken und das Gewürzöl sofort über die Reis-Linsen-Mischung gießen. Gut einarbeiten.

Mischung auf das befettete Backblech geben und dieses leicht schütteln, sodass sich die Masse gleichmäßig verteilt.

Mischung mit Sesamkörnern bestreuen und leicht mit Chilipulver bestäuben.

Auf der mittleren Schiene im vorgeheizten Ofen 80–90 Minuten backen, bis der Handvo eine schöne goldenen Kruste bekommt. Überprüfen, ob das Handvo durchgebacken ist, indem man ein Messer in der Mitte einführt; bleibt es sauber, ist es fertig. Aus dem Ofen nehmen und 10–15 Minuten auskühlen lassen.

Vor dem Servieren in Quadrate schneiden.

KHANDVI

PIKANTE KICHERERBSEN-JOGHURTRÖLLCHEN

(GF) (NF)

Khandvi sind ein köstlicher, im Mund schmelzender Snack aus Gujarat. Diese würzigen Röllchen aus Kichererbsenmehl und Joghurt sind pikant und leicht süßsauer. Stellen Sie sicher, dass keine Klumpen im Teig bleiben und arbeiten Sie schnell, sobald der Teig die richtige Konsistenz hat.

TEIG

160 g Naturjoghurt
½ TL Salz
1 Prise Kurkuma, gemahlen
½ TL Ingwer-Knoblauchpaste (siehe Seite 14)
160 g Kichererbsenmehl

VAGAR (GEWÜRZÖL)

2 EL Sonnenblumenöl, plus extra zum Befetten
1 TL Senfkörner
1 TL Sesamkörner
10 Curryblätter
¼ TL Asafoetida

ZUM SERVIEREN

2 EL frischer Koriander, gehackt
2 EL frische Kokosraspel

ERGIBT 4 PORTIONEN

Zuerst den Teig zubereiten. Alle Zutaten mit 300 ml kaltem Wasser in eine Schüssel geben. Mit einem Handmixer glatt rühren, achtgeben, dass keine Klumpen bleiben.

Arbeitsplatte säubern und leicht befetten.

Teig in eine beschichtete Pfanne gießen und bei niedrigster Hitze kochen, dabei ständig mit einer Gummispatel umrühren, sodass der Teig nicht am Pfannenboden kleben bleibt. Sobald die Masse einzudicken beginnt, schneller arbeiten, dabei achtgeben, dass keine Klumpen bleiben. Solange rühren, bis die Masse an der Spatel haften bleibt.

Um zu überprüfen, ob der Teig fertig ist, einen kleines Stück auf die befettete Arbeitsplatte geben und 2–3 Minuten auskühlen lassen. Wenn sich der Teig setzt und leicht ausrollen lässt, ist er fertig.

Nun muss man schnell arbeiten! Teig auf der befetteten Arbeitsplatte ausbreiten und mit einer Spatel oder einer Palette so gleichmäßig wie möglich dünn ausstreichen, vorzugsweise 2–3 mm dick. Teig setzen lassen.

Mit einem Messerrücken Khandvi in 4–5 cm breite, etwa 15–20 cm lange Streifen schneiden. Reste an den Rändern abschneiden.

Mit den Fingern Khandvi langsam fest zusammenrollen und auf einen Teller legen.

Für das Vagar, Öl in einer kleinen Pfanne bei mittlerer Hitze 1 Minute erwärmen. Senfkörner zugeben und sobald sie aufspringen, die anderen Zutaten zugeben. Pfanne kurz schwenken und das Gewürzöl sofort über das Khandvi gießen.

Zum Servieren mit Koriander garnieren und mit frischen Kokosraspeln bestreuen. Khandvi kann man in einen luftdicht verschließbaren Behälter bis zu 3 Tage im Kühlschrank aufbewahren.

KACHORI

PIKANTE ERBSEN IM TEIGMANTEL

(V) (NF)

Wenn Gäste zu Besuch kommen, serviere ich oft diese pikanten Bällchen als Snack vor der Hauptmahlzeit. Es braucht etwas Zeit, um jedes Kachori mit Teig zu ummanteln, aber arbeiten Sie langsam und versuchen Sie, alles gleichmäßig und ohne Risse einzuwickeln.

TEIG

130 g Mehl
1/4 TL Salz
45 ml/3 EL Sonnenblumenöl, plus extra zum Befetten und Frittieren

KACHORI

250 g frische Erbsen (aufgetaut, wenn Tiefkühlerbsen verwendet werden)
1 EL Sonnenblumenöl
1 TL Senfkörner
1/3 TL Asafoetida
20 g Grieß
1 TL Ingwer-Knoblauchpaste (siehe Seite 14)
1 TL Chilipulver
1/2 TL Salz
3/4 TL Garam masala
1 1/2 TL Zitronensaft, frisch gepresst
1 EL Zucker

ZUM SERVIEREN

Lili-Chutney (siehe Seite 147) oder Amli-Chutney (siehe Seite 147)

ERGIBT 8 PORTIONEN

Für den Teig Mehl, Salz und Öl in eine flache Schüssel geben und vorsichtig vermengen. Langsam 70 ml kaltes Wasser nach und nach zugeben und unterrühren. Einige Tropfen Öl auf den Handflächen verteilen und den Teig kneten, bis er glatt ist und sich von der Schüssel löst. Mit einem sauberen Geschirrtuch abdecken und 15 Minuten ruhen lassen.

Für die Kachori, Erbsen in einem Mixer oder einer Küchenmaschine schnell zerkleinern, wenn möglich mit der Pulsfunktion. Die Erbsen sollten nur teilweise zerstückelt, nicht aber fein püriert werden.

Öl in einer Pfanne bei mittlerer Hitze 2–3 Minuten erwärmen. Mit ein paar Senfkörnern überprüfen, ob das Öl heiß genug ist; wenn sie zischen, ist das Öl bereit. Auf mittlere bis niedrige Hitze reduzieren und Senfkörner zugeben. Kurz umrühren und Asafoetida sowie Grieß zugeben. Weiter umrühren, bis der Grieß goldbraun ist.

Die zerkleinerten Erbsen in die Pfanne geben und vorsichtig unterrühren. 3–4 Minuten unter ständigem Rühren kochen. Restliche Zutaten in die Pfanne geben, gut vermengen und unter ständigem Rühren weitere 3–4 Minuten kochen.

Pfanne vom Herd nehmen und die Erbsen-Mischung auf einem Teller ausbreiten und auskühlen lassen.

Sobald die Erbsen-Mischung kühl genug ist zum Verarbeiten, 8 gleich große Kugel daraus formen, dabei leicht zusammendrücken, sodass in Form bleiben.

Den vorbereiteten Teig nochmals kurz durchkneten, in 8 Stücke teilen und jedes zu einer Kugel rollen.

Eine Teigkugel aufnehmen und zu einer handtellergroßen Scheibe ausziehen. Erbsen in die Mitte legen und Teig sorgfältig schließen, sodass sie vollständig eingeschlossen sind. Teigkugel zum Versiegeln leicht drücken, überschüssigen Teig entfernen. Jede Kugel vorsichtig zwischen den Handflächen glatt rollen und auf einen Teller legen. Vorgang mit den restlichen Zutaten wiederholen.

Genug Öl zum Frittieren in einer flachen Pfanne oder einem Wok bei starker Hitze 3 Minuten erwärmen. Ein Stück Teig einlegen, um zu überprüfen, ob es heiß genug ist; steigt der Teig an die Oberfläche, ist das Öl bereit.

Bevor man sie ins heiße Öl legt, jede Teigkugel nochmals vorsichtig zwischen den Händen rollen. Nur wenige gleichzeitig frittieren, sodass sie sich nicht berühren. 4–5 Minuten goldbraun frittieren, dabei gelegentlich wenden. Aus dem Öl nehmen und auf Küchenpapier abtropfen lassen. Mit Chutney servieren.

ANMERKUNG: *Man kann die Kachori einfrieren, aber man sollte sie vor dem Frittieren auftauen und dampfend heiß servieren.*

BHINDA FRIES

FRITTIERTE OKRA

(V) (GF) (NF)

Die Okra in diesem netten Snack sind gar nicht schleimig, was normalerweise Leute davon abhält, dieses Gemüse zu verwenden. Wenn frittierte Okra auf dem Speiseplan stehen, ist das meistens einer unserer Bestseller. Meine Jungen genießen sie und sagen, dass sie ein hervorragender Snack zum Bier sind, doch ich trinke nicht, deshalb verlasse ich mich auf sie!

100 g Okra, gewaschen und getrocknet
⅓ TL Salz
1 TL Chilipulver
⅛ TL Kurkuma, gemahlen
¼ TL Koriander, gemahlen
½ TL Garam masala
½ TL Amchur-Pulver (Pulver aus getrockneten Mangos)
½ EL Ingwer-Knoblauchpaste (siehe Seite 14)
½ EL Kichererbsenmehl
¼ TL Reismehl
½ TL Maismehl/Maisstärke
⅛ TL Zitronensaft, frisch gepresst
Pflanzenöl, zum Frittieren
1 Prise Chaat masala

ERGIBT 2 PORTIONEN

Spitzen von den Okraschoten abtrennen und jede in schmale Streifen schneiden. Okra in eine große Schüssel geben und Salz zugeben. Mit den Fingern Salz in die Okra reiben, bis sie beginnen, Saft zu lassen. Einige Minuten ruhen lassen.

Chilipulver, Kurkuma, gemahlenen Koriander, Garam masala, Amchur-Pulver und Ingwer-Knoblauchpaste zugeben und gut vermengen, bis die Okra gut damit überzogen sind.

Okra auf die eine Seite der Schüssel schieben und Kichererbsenmehl und Reismehl auf die andere Seite der Schüssel sieben. Maismehl zugeben und die Mehlsorten gut vermengen. Zitronensaft zugießen und nochmals durchmischen.

Nach und nach Gemüse mit dem Mehl vermengen, bis die Schoten gut damit überzogen sind. Bei Bedarf einige Tropfen Wasser zugeben, damit das Mehl besser an den Okra haftet.

Mit den Fingern Okra ins Mehl pressen, dann in ein Sieb geben und überschüssiges Mehl entfernen.

Genug Öl zum Frittieren in einer Pfanne mit schwerem Boden bei starker Hitze 2 Minuten erwärmen. Ein Stück Okra einlegen, um zu überprüfen, ob es heiß genug ist; wenn es zischt, ist das Öl bereit.

Okra in das heiße Öl legen, dabei darauf achten, nicht zu viel auf einmal in die Pfanne zu geben. Okra 3–4 Minuten goldbraun frittieren.

Frittierte Okra aus dem Öl nehmen und auf Küchenpapier abtropfen lassen. Mit Chaat masala bestreuen und ruhen lassen. Sobald die frittierten Okra ausgekühlt sind, werden sie knusprig.

Mit kaltem Bier genießen!

KERA NA BHAJIA

GEBRATENE BANANEN

(V) (GF) (NF)

Immer wenn ich die Bananen zu Hause machte, verschlang sie mein jüngster Sohn, sobald sie kühl genug zum Essen waren. Später begann er, sie mit Zimt und Zucker und Schokolade als Nachspeise zu essen. Das ist jedoch definitiv nicht die traditionelle Art, diese Bhajia zu essen! Ich verwende gern reife Bananen, die schon einige braune Flecken aufweisen, denn sie sind am geschmackvollsten. Verwenden Sie keinesfalls unreife Bananen!

Sonnenblumenöl, zum Braten
2 reife Bananen, geschält und in 2–3 cm große (oder nach Wunsch größer) schneiden
Erbsensprossen, zum Garnieren (optional)

TEIG

100 g Kichererbsenmehl
½ TL Salz
¼ TL Kurkuma, gemahlen
½ TL Chilipulver
1 starke Prise Natron/Backpulver
½ TL Ingwer-Knoblauch-Chilipaste (siehe Seite 14)
½ TL Zitronensaft, frisch gepresst

ERGIBT 2 PORTIONEN

Für den Teig Kichererbsenmehl in eine Schüssel sieben. Alle trockenen Zutaten zugeben, gut vermengen und danach Ingwerpaste und Zitronensaft sowie einen Spritzer Wasser zugeben. Langsam die feuchten Zutaten ins Mehl einarbeiten. Nach und nach etwa 120 ml Wasser zugießen, jedes Mal umrühren, bis der Teig die Konsistenz von dicker Sahne aufweist.

Genug Öl zum Frittieren in einer Pfanne mit schwerem Boden oder einem Wok bei mittlerer Hitze erwärmen.

Bananen in den Teig rühren, bis alle gut damit überzogen sind.

Ein Stück Teig einlegen, um zu überprüfen, ob es heiß genug ist; steigt der Teig an die Oberfläche, ist es heiß genug.

Ein Bananenstück aus dem Teig nehmen, überschüssigen Teig vorsichtig abschütteln und ins heiße Öl legen. Vorgang mit weiteren Stücken wiederholen, dabei darauf achten, dass sie einander im Öl nicht berühren.

Etwa 15–20 Sekunden braten und die Stücke dann vorsichtig im Öl bewegen. Wenden und auf der anderen Seite braten, dabei die Stücke im Öl bewegen und darauf achten, dass sie einander nicht berühren.

Bhajia goldbraun werden lassen, dann aus dem Öl nehmen und auf Küchenpapier abtropfen lassen. Vorgang mit den restlichen Bananenstücken wiederholen. Sofort servieren und wenn gewünscht, mit Erbsensprossen garnieren.

METHI NA GOTA

BOCKSHORNKLEE-BEIGNETS

(V) (NF)

Für diesen beliebten Snack auf den Straßen von Gujarat verwendet man Methi-Blätter (Bockshornklee). Obwohl diese Blätter leicht bitter sind, schmecken sie sehr gut, wenn man sie mit anderen Gewürze ausgleicht. Das Innere der Beignets ist weich und locker, wenn sie frisch frittiert sind, doch wenn sie auskühlen, werden sie zäh. Deshalb sollte man sie am besten sofort servieren.

2 EL Sonnenblumenöl
50 g Grieß
150 g Kichererbsenmehl
½ TL schwarze Pfefferkörner
½ TL Koriandersamen
1 TL Ajowan-Samen
¾ TL Salz
1 TL Zucker
½ EL Ingwer-Knoblauchpaste (siehe Seite 14)
2 EL Zitronensaft, frisch gepresst
100 g frische Bockshornkleeblätter, halbiert (sie sind bitter, nach Wunsch auch weniger verwenden)
1 TL Backpulver
2 TL Eno Fruchtsalz (see Anmerkung)
⅛ TL Kurkuma, gemahlen
2 grüne Chilischoten, fein gehackt
Pflanzenöl, zum Frittieren

ZUM SERVIEREN

Lili-Chutney (siehe Seite 147), Amli-Chutney (siehe Seite 147) oder Lal-Chutney (siehe Seite 140)

ERGIBT ETWA 35 BEIGNETS

Sonnenblumenöl bei starker Hitze in einem Topf erwärmen, Grieß zugeben und 2 Minuten unter ständigem Rühren goldbraun braten. Pfanne vom Herd nehmen und Kichererbsenmehl in den Grieß sieben.

Schwarze Pfefferkörner und Koriandersamen in einem Mörser zerstoßen und in den Topf geben.

Ajowan-Samen, Salz, Zucker und Ingwer-Knoblauchpaste zugeben und alle Zutaten vermengen.

Zitronensaft, Bockshornklee, Backpulver,Fruchtsalz, Kurkuma und Chilischoten zugeben und gut vermengen.

Nach und nach etwas Wasser zugießen und unterrühren, bis ein zähflüssiger Teig ohne Klumpen entsteht.

Genug Öl zum Frittieren in einer Pfanne mit schwerem Boden bei starker Hitze erwärmen. Sobald das Öl heiß ist, auf mittlere Hitze reduzieren.

Hände leicht befeuchten und 1 EL Teig (Größe eines Golfballs) abstechen und ins heiße Öl legen.

Vorgang mehrmals wiederholen, dabei darauf achten, nicht zu viele Beignets einzulegen; sie sollten einander nicht berühren. Etwa 2 Minuten frittieren, bevor man sie vorsichtig im Öl bewegt. Wenden und weitere 5 Minuten goldbraun und knusprig frittieren.

Beignets aus dem Öl nehmen und auf Küchenpapier abtropfen lassen.

Hände befeuchten und Vorgang wiederholen, bis alle Beignets fertig sind.

Heiß mit Chutney nach Wahl zum Dippen servieren.

ANMERKUNG: *Eno Fruchtsalz wird beim Backen verwendet, aber auch als Arznei bei Verdauungsproblemen. Es ist in indischen Läden oder online erhältlich.*

BATETA NA BHAJIA

KARTOFFEL-FRITTER

(V) (GF) (NF)

Mein verstorbener Mann war leicht besessen von diesen Bhajia und wartete meist geduldig, bis die erste Portion aus dem Ofen kam. Er strahlte immer, wenn ich einen Teller mit Bhajia und Chutney vor ihn hinstellte. Sie bestehen aus dünn geschnittenen Kartoffeln, umhüllt von einem pikanten Teig aus Kichererbsenmehl, die knusprig frittiert werden. Dieses Rezept hebt Ihre Kartoffeln auf den nächsten Level – stellen Sie nur sicher, dass Sie sie sofort nach dem Frittieren servieren. Im Restaurant verwendeten wir in der Vergangenheit statt Kartoffeln Zucchini, was auch sehr gut funktionierte.

4 Kartoffeln
Sonnenblumenöl, zum Frittieren

TEIG

120 g Kichererbsenmehl
120 g Maismehl/Maisstärke
120 g Reismehl
1½ TL Salz
½ TL Kurkuma, gemahlen
4 EL Ingwer-Knoblauch-Chilipaste (siehe Seite 14)
Saft von ½ Zitrone
1 große Handvoll frischer Koriander, gehackt

ZUM SERVIEREN

Amli-Chutney (siehe Seite 147) oder Lal-Chutney (siehe Seite 140)

ERGIBT 4 PORTIONEN

Kichererbsen-, Mais- und Reismehl in eine große Schüssel sieben, dabei Klumpen entfernen. Salz, Kurkuma, Ingwer-Knoblauch-Chilipaste, Zitronensaft und gehackten Koriander zugeben und vermengen.

Etwa 80 ml Wasser nach und nach zugießen und einarbeiten, bis ein glatter Teig entsteht; er sollte weder zu dick, noch zu flüssig sein.

Kartoffeln schälen und vorsichtig in möglichst dünne Scheiben schneiden – entweder mit einem Gemüsehobel oder einem scharfen Messer.

Kartoffelscheiben in einem Sieb unter fließendem kalten Wasser abspülen und auf einem sauberen Geschirrtuch trocknen lassen.

Genug Öl zum Frittieren in einer flachen Pfanne oder einem Wok bei mittlerer Hitze 2–3 Minuten erwärmen. Etwas Teig einlegen, um zu überprüfen, ob es heiß genug ist; steigt der Teig an die Oberfläche, ist das Öl bereit.

Einige Kartoffelscheiben in den Teig geben, sie ganz damit überziehen und überschüssigen Teig abschütteln.

Kartoffelscheiben vorsichtig ins heiße Öl legen, einige Minuten goldbraun frittieren, dabei gelegentlich wenden. Bhajia aus dem Öl nehmen und auf Küchenpapier abtropfen lassen.

Heiß mit einem Chutney nach Wahl servieren.

BATETA VADA

KARTOFFELPÜREE-BEIGNETS

(V) (GF) (NF)

Bateta Vada sind überaus beliebt und werden in ganz Indien gegessen. Es handelt sich um pikantes Kartoffelpüree im Teigmantel, goldbraun frittiert und mit Chutney serviert. Diese Beignets sind ein großartiger Snack, den man im allgemeinen heiß serviert, aber sie schmecken auch kalt vorzüglich.

2 Kartoffeln, gekocht, mit Haut
1 TL Salz
20 g/4 TL Zucker
1 TL Zitronensaft, frisch gepresst
1 Handvoll frischer Koriander, gehackt
1 TL Garam masala
20 g Ingwer-Knoblauch-Chilipaste (siehe Seite 14)
2 TL Granatapfelkerne
2 TL Sultaninen/gelbe Rosinen, grob gehackt
Sonnenblumenöl, zum Formen und Frittieren
Amli-Chutney (siehe Seite 147), Zum Servieren

TEIG
50 g Kichererbsenmehl
30 g/2 EL Maismehl/Maisstärke
1 Prise Salz
¼ TL Zitronensaft, frisch gepresst

ERGIBT 12 STÜCK

Für den Teig Kichererbsen- und Maismehl in eine Schüssel sieben. Salz und Zitronensaft zugeben und langsam einarbeiten, dabei nach und nach etwas Wasser zugießen – etwa 60 ml. Weiter rühren, bis ein glatter Teig ohne Klumpen entsteht. Der Teig sollte nicht zu flüssig sein, doch dick genug, um einen Löffelrücken zu überziehen. Beiseitestellen.

Gekochte Kartoffeln schälen und in mittlerer Stärke in eine Schüssel reiben. Alle restlichen Zutaten, außer Sonnenblumenöl und Chutney zugeben und gut vermengen, sodass alle Kartoffeln zerdrückt sind.

Handflächen mit einigen Tropfen Öl befetten und die Kartoffel-Mischung langsam zu 12 gleich großen Kugeln rollen und auf einen Teller legen.

Genug Öl zum Frittieren in einer großen Pfanne bei starker Hitze 2 Minuten erwärmen. Ein Stück Teig einlegen, um zu überprüfen, ob es heiß genug ist; steigt der Teig an die Oberfläche, ist das Öl bereit.

Auf mittlere Hitze reduzieren. Einige Kartoffel-Bällchen in den Teig tauchen und sicher stellen, dass sie rundherum damit überzogen sind. Überschüssigen Teig abschütteln und vorsichtig ins heiße Öl gleiten lassen.

Beignets vorsichtig mit einem Schaumlöffel im Öl bewegen, dabei immer wieder wenden und achtgeben, dass sie nicht aneinander haften. 3–4 Minuten goldbraun frittieren. Vada aus dem Öl nehmen und auf Küchenpapier abtropfen lassen.

Vorgang mit den restlichen Beignets portionsweise wiederholen.

Entweder heiß oder kalt mit Amli-Chutney servieren.

KHANDA PALAK BHAJIA

SPINAT-ZWIEBEL-BEIGNETS

(V) (GF) (NF)

Sie sind ein absoluter Klassiker! Diese knusprigen, geschmackvollen Spinat-Beignets bestehen aus Spinatblättern, Kichererbsenmehl, Zwiebeln und Gewürzen. Man muss nur achtgeben, dass man die Zwiebeln in der richtigen Richtung schneidet und die Beignets vorsichtig frittiert, da sie sonst außen knusprig, aber innen noch roh sind.

2 weiße Zwiebeln, geschält
¾ TL Salz
2 TL Chilipulver
¼ TL Kurkuma, gemahlen
1 TL Garam masala
1 TL Ajowan-Samen
100 g Kichererbsenmehl
1 große Handvoll frischer Spinat, gehackt
2 Handvoll frischer Koriander, gehackt
Sonnenblumenöl, zum Frittieren
Lili-Chutney (siehe Seite 147), zum Servieren

ERGIBT 6 STÜCK

Spitze und Boden von den Zwiebeln schneiden und jede Knolle halbieren. Zwiebeln mit der Schnittfläche nach unten auflegen und vertikal fein schneiden. Zwiebeln in einer Schicht in einer flachen Schüssel auflegen.

Salz, Chilipulver, Kurkuma, Garam masala und Ajowan-Samen zugeben und mit den Fingern verrühren, sodass die Zwiebeln vollständig damit überzogen sind.

Kichererbsenmehl auf die Zwiebeln sieben und gehackten Spinat sowie Koriander zugeben. Alles mit den Fingern wirklich gut vermengen, bei Bedarf einige Tropfen Wasser zugießen, damit die Mischung besser haften bleibt.

Genügend Öl zum Frittieren in einer Pfanne mit schwerem Boden bei niedriger bis mittlerer Hitze erwärmen.

Ein Stück Zwiebel in die Pfanne geben, um zu überprüfen, ob das Öl heiß genug ist; wenn sich kleine Bläschen bilden, ist das Öl bereit. Nun sofort die Zwiebeln frittieren!

Dafür eine Handvoll Zwiebeln vorsichtig ins Öl gleiten lassen und frittieren. Nicht versuchen, die Zwiebeln zu rollen oder in Form zu bringen.

Vorgang mit einer weiteren Handvoll Zwiebeln wiederholen. Die Hitze erhöhen und 1 Minute frittieren, danach wieder die Hitze reduzieren. Bhajia behutsam 2–3 Minuten goldbraun frittieren, dabei im Öl bewegen und gelegentlich wenden. Bhajia aus dem Öl nehmen und auf Küchenpapier abtropfen lassen. Mit den restlichen Zwiebeln wiederholen.

Heiß mit Chutney und kaltem Bier servieren!

SAMOSA

PIKANTE SAMOSAS MIT MISCHGEMÜSE

(V) (NF)

Es gibt nichts Besseres als hausgemachte Samosas! Das Schöne beim Selbermachen ist, dass man die Würzung anpassen und Gemüse nach Wahl verwenden kann.

60 ml Sonnenblumenöl, plus extra zum Frittieren
1 TL Kreuzkümmelsamen
1 TL Sesamkörner
⅓ TL Asafoetida
2 Karotten, geschält und klein gewürfelt
4–5 weiße Kartoffeln, geschält und klein gewürfelt
250 g frische Erbsen (aufgetaut bei Verwendung von Tiefkühlerbsen)
1 EL Zitronensaft, frisch gepresst

MASALA-MISCHUNG

1 TL Salz
1 TL Chilipulver
1 TL Garam masala
½ TL gemahlen Zimt
1 EL Zucker
1 EL Ingwer, Knoblauch & Chilipaste **(siehe Seite 14)**

TEIG

125 g Mehl, plus extra zum Bestäuben
¼ TL Salz
¼ TL Zitronensaft, frisch gepresst

KLEBER

2 EL Mehl

ZUM SERVIEREN

Amli-Chutney **(siehe Seite 147)** **oder Lal-Chutney** **(siehe Seite 140)**
Zitronenspalten, zum Auspressen

ERGIBT ETWA 34 SAMOSAS

ANMERKUNG: *Wenn Sie kein Veganer sind, schmecken diese Samosas köstlich mit Masala Chai* *(siehe Seite 164)*

Öl bei mittlerer Hitze in einer flachen Pfanne erwärmen. Kreuzkümmel und Sesamkörner zugeben. Sobald sie aufspringen, Asafoetida und Karotten einrühren, zudecken und 2 Minuten rösten, dabei gelegentlich umrühren. Kartoffeln zugeben, zudecken und 4–5 Minuten kochen, Erbsen zugeben, zudecken und 2 Minuten kochen.

Zutaten für die Masala-Mischung zugeben und vorsichtig unterrühren. Nach 2 Minuten Zitronensaft zugießen, 3–4 Minuten erwärmen, Pfanne vom Herd nehmen und Gemüse auf einem Teller auskühlen lassen.

Für den Teig Mehl in eine Schüssel sieben, Salz und Zitronensaft unterrühren. 100 ml Wasser nach und nach zugießen. 5 Minuten zu einem festen, glatten Teig kneten. 15 Minuten mit einem feuchten Tuch abgedeckt ruhen lassen.

Pfanne bei niedriger Hitze erwärmen. Etwa 15 g Teig mit Mehl bestäuben, zu einer Scheibe von 12 cm Durchmesser ausrollen und beiseitestellen. Vorgang mit einem zweiten Stück Teig wiederholen, sodass man zwei Scheiben in gleicher Größe hat.

Die zweite Scheibe leicht mit Öl bestreichen, mit Mehl bestäuben, erste Scheibe darauflegen und beide gemeinsam zu einer Scheibe mit 15–16 cm Durchmesser ausrollen.

Diese Scheibe in die Pfanne legen, 20 Sekunden rösten, wenden und die andere Seite rösten. Versuchen, die obere Teigschicht abzuziehen; sobald das funktioniert, beide Schichten aus der Pfanne nehmen und aufeinander auf einen Teller stapeln. Achtgeben, dass der Teig nicht zu lange röstet! Mit einem Geschirrtuch abdecken.

Vorgang mit dem restlichen Teig wiederholen. Mit einem scharfen Messer die aufgestapelten Teigscheiben in Halbkreise teilen.

Für den Kleber Mehl mit ¼ TL Wasser zu einer Paste verrühren.

Für die Samosa einen Halbkreis nehmen und ein Ende der geraden Kante zu zwei Dritteln nach innen falten. Mit den Fingern die andere gerade Kante mit Kleber bestreichen und zu einer dreieckigen Tasche darüberlegen. Den klebrigen Rand zum Versiegeln andrücken. Achtgeben, dass die Spitze des Dreiecks ganz geschlossen ist und kein Loch hat.

Einen Löffel voll Gemüse in die Tasche geben. Mit den Fingern die Oberkante der Samosa zukleben und versiegeln. Vorgang mit allen Teigtaschen wiederholen.

Genug Öl zum Frittieren in einer Pfanne mit schwerem Boden oder einem Wok bei mittlerer Hitze 3–4 Minuten erwärmen, bis das Öl sehr heiß ist. Kanten der Samosas nochmals fest zusammendrücken und in das heiße Öl geiten lassen. 30 Sekunden frittieren, wenden und andere Seite ebenfalls frittieren. Vorgang wiederholen, bis alle Seiten goldbraun sind. Samosas aus dem Öl nehmen und auf Küchenpapier abtropfen lassen. Vorgang mit den restlichen Samosas wiederholen. Mit Chutney und Zitronenspalten zum Auspressen servieren.

PALAK BHAJIA

GEFÜLLTE SPINAT-ROULADE

(V) (NF)

Patra ist der traditionelle Name dieses Gerichtes. Normalerweise werden dazu Colocasia-Blätter verwendet, aber die sind schwer erhältlich, deshalb adaptierten wir das Rezept und verwenden stattdessen große Spinatblätter. Verwenden Sie die größten Blätter, die Sie finden können.

400 g frische, große Spinatblätter (verwenden Sie keine Baby-Spinatblätter)
Frische Kokosraspel, zum Garnieren

BATTER

500 g Kichererbsenmehl
100 g Chapati-Mehl (Weizen-Vollkornmehl)
1 TL Ajowan-Samen
1 TL Kurkuma, gemahlen
1 TL Chilipulver
2 EL Ingwer-Knoblauch-Chilipaste (siehe Seite 14)
2 EL Sonnenblumenöl
1½ EL Salz
2 EL Zucker
½ EL Garam masala
⅛ TL Natron/Backpulver
1 EL Zitronensaft, frisch gepresst

VAGAR (GEWÜRZÖL)

2 EL Sonnenblumenöl
1 EL Senfkörner
2 Knoblauchzehen, gehackt
2 EL Sesamkörner

ERGIBT 4 PORTIONEN

Mit einem scharfen Messer Stängelansätze der Spinatblätter entfernen, aber nicht die Blätter ganz auseinander schneiden. Blätter waschen, abtropfen und zum Trocknen beiseitestellen.

Für den Teig Kichererbsenmehl in eine große Schüssel sieben, dabei Klumpen entfernen. Restliche Zutaten für den Teig zum Mehl geben, vermengen und 600 ml Wasser nach und nach zugießen. Mit einem Schneebesen zu einem glatten, dicken Teig verrühren. Achtgeben, dass keine Klumpen entstehen. 10–15 Minuten ruhen lassen.

Für einen Dampfgarer eine hitzebeständige Schüssel umgedreht in einen großen Topf stellen. Topf fast bis zum Rand mit Wasser füllen, dann einen leicht mit Öl bestrichenen Teller auflegen. Achtgeben, dass das Wasser den Teller nicht berührt. Wasser bei mittlerer Hitze zum Kochen bringen.

Auf einer sauberen Arbeitsplatte eines der größten Spinatblätter mit der Unterseite nach oben und der Spitze vom Körper abgewandt auflegen. Mit einer Spatel oder den Händen das Blatt großzügig mit Teig bestreichen, sodass es vollständig damit überzogen ist. Das nächste Blatt überlappend mit abgewandter Spitze darauflegen (immer von den größeren zu den kleineren Blättern arbeiten). Wieder mit Teig bestreichen, dann ein weiteres Blatt überlappend auflegen und mit Teig bestreichen. Dazwischen kleinere Blätter in die Mitte legen und mit Teig bestreichen.

Vorsichtig jeweils eine Seite der Blätter zur Mitte falten, sodass eine rechteckige Form entsteht. Mehr Teig an den gefalteten Kanten aufstreichen und die Blätter vom Körper weg fest aufrollen. Mit den restlichen Blättern Vorgang wiederholen, bis alle Bhajia aufgerollt sind.

Spinat-Rouladen auf den befetteten Teller in den Dampfgarer legen und mit einem gut schließenden Deckel abdecken. Bei starker Hitze 20–25 Minuten dämpfen. Überprüfen, ob die Bhajia fertig sind, indem man ein Messer in eine Rolle sticht; bleibt es sauber, sind sie gar.

Hitze abdrehen, Bhajia herausnehmen, 10 Minuten abkühlen lassen und in schmale Windrädchen schneiden.

Für das Vagar Öl in einer kleinen Pfanne bei starker Hitze erwärmen. Senfkörner zugeben, sobald sie aufspringen, Knoblauch zugeben und diesen goldbraun rösten. Danach Sesamkörner zugeben und weitere 30 Sekunden rösten, dann die Pfanne schwenken und das Öl sofort über die Bhajia gießen. Mit Kokosraspeln garnieren und servieren.

SHAAK
CURRYS

MATAR RINGAR NU SHAAK

ERBSEN-AUBERGINEN-CURRY

(V) (GF) (NF)

Gujaratis lieben Auberginen und verwenden sie häufig zum Kochen. Leider werden Auberginen in anderen Küchen oft vernachlässigt, weil manche Leute sie langweilig und zu matschig finden. Doch wenn man sie richtig zubereitet, haben sie eine wunderbare Textur, die Gewürze wirklich gut aufnimmt. Dieses Erbsen-Auberginen-Curry ist wirklich leicht zuzubereiten. Verwenden Sie wenn möglich frische Erbsen, aber notfalls tun es auch tiefgefrorene. Da dieses Curry keine Sauce aufweist, serviere ich es immer mit Gujarati Dal (siehe Seite 103).

1 große Aubergine, in 3 cm große Würfel geschnitten
140 ml Sonnenblumenöl
1 TL Senfkörner
¼ TL Bockshornkleesamen
⅓ TL Asafoetida
500 g frische oder tiefgefrorene (aufgetaut) Erbsen
⅔ TL Kurkuma, gemahlen
1 TL Chilipulver
2 TL Koriander, gemahlen
1 Prise Salz
⅓ TL Garam masala
Frischer Koriander, gehackt, zum Garnieren

ZUM SERVIEREN

Rotli (siehe Seite 86) oder Reisgericht nach Wahl (siehe Seiten 99–100)
Gujarati Dal (siehe Seite 103)

ERGIBT 4 PORTIONEN

Auberginen in eine Schüssel mit kaltem Wasser geben, damit sie nicht braun werden.

Öl in einer großen Pfanne mit Deckel bei mittlerer Hitze erwärmen. Einige Senfkörner zugeben, um zu überprüfen, ob das Öl heiß genug ist; wenn die Samen aufspringen, ist es bereit, andernfalls länger erhitzen.

Ist das Öl heiß genug, Senfkörner zugeben und 20 Sekunden umrühren. Asafoetida und Bockshornkleesamen zugeben und schnell unterrühren. Auberginen abgießen und ebenfalls in die Pfanne geben, umrühren, sodass alles gut mit dem Gewürzöl überzogen ist. Deckel auflegen und 2 Minuten braten. Einmal schnell umrühren, wieder zudecken und weitere 5–6 Minuten braten, bis sie leicht zart und weich sind, danach Erbsen zugeben.

Kurkuma, Chilipulver, gemahlenen Koriander, Salz und Garam masala zugeben und umrühren, sodass das Gemüse damit ganz überzogen ist. Deckel auflegen und 2 Minuten kochen.

Deckel abnehmen, dabei Kondenswasser zurück in die Pfanne fließen lassen. Nochmals umrühren und zudecken. Sobald die Auberginen weich und zart sind und leicht zerfallen, Pfanne vom Herd nehmen. Curry in eine Servierschüssel geben und mit gehacktem Koriander garnieren.

Mit Rotli oder Reis und Gujarati Dal servieren.

DHUDHI CHANA NU SHAAK

FLASCHENKÜRBIS-CHANA DAL-CURRY

(V) (GF) (NF)

Dieses Gujarati Curry besteht aus Dhudhi (Flaschenkürbis) und Chana Dal (auch bekannt als Bengal Gram, geschälte schwarze Kichererbsen oder gelbe Spalterbsen). Ich mag die Konsistenz dieses Currys; die Sanftheit des Dhudhi passt wirklich gut zum Dal. Wenn Sie Flaschenkürbis kaufen, wählen Sie ein kleines Exemplar mit glatter, hellgrüner, makelloser Haut. Er sollte fest sein und das Fruchtfleisch sollte sich beim Drücken nicht weich anfühlen. Dhudhi findet man in den meisten Asialäden, doch sollten Sie Schwierigkeiten haben, welchen zu finden, können sie ihn auch durch Zucchini ersetzen.

400 g Chana Dl (gelbe Spalterbsen)
1 l kochendes Wasser, zum Einweichen, plus weitere 800 ml zum Kochen vom Dal
1 große Dhudhi (Flaschenkürbis
300 ml Sonnenblumenöl
1 EL Kreuzkümmelsamen
3 getrocknete rote Chilischoten
5 Gewürznelken
1 Zimtstange, etwa 4 cm lang
¼ TL Asafoetida
250 ml gehackte Tomaten aus der Dose
1 TL Zitronensaft, frisch gepresst
Frischer Koriander, gehackt, zum Garnieren
Rotli (siehe Seite 86) und Reis (siehe Seite 99), zum Servieren

MASALA-MISCHUNG

1 EL Kashmir-Chili
1½ TL Chilipulver
1 EL Koriander, gemahlen
1 TL Kreuzkümmel, gemahlen
¼ TL Kurkuma, gemahlen
1½ TL Salz
½ TL Garam masala
1 EL Zucker
1 TL Ingwer, Knoblauch & Chilipaste (siehe Seite 14)

ERGIBT 6 PORTIONEN

Chana Dal in eine große Schüssel geben, mit kochendem Wasser übergießen und 2 Stunden quellen lassen. Durch ein Sieb abgießen und unter fließendem Wasser mehrmals durchwaschen. Abermals abgießen, in die Schüssel zurückgeben und beiseitestellen.

Kürbisenden abschneiden und mit einem Gemüseschäler äußere grüne Haut entfernen. Dhudhi in 4 cm große Würfel schneiden.

Alle Zutaten für die Masala-Mischung in einer Schüssel vermengen und beiseitestellen.

Öl in einer großen Pfanne bei mittlerer Hitze 2–3 Minuten erwärmen. Einige Kreuzkümmelsamen in die Pfanne geben, um zu überprüfen, ob das Öl heiß genug ist; wenn sie zu zischen beginnen, ist es bereit.

Sobald das Öl heiß genug ist, Hitze auf niedrigste Stufe reduzieren und Kreuzkümmelsamen zugeben. Schnell und ständig umrühren, dabei die getrockneten Chilischoten, Gewürznelken und Zimtstange zugeben, danach das Asafoetida. Chana Dal in die Pfanne geben und mit einer Spatel umrühren, sodass die Spalterbsen ganz mit dem Gewürzöl überzogen sind. Deckel auf die Pfanne legen und Dal 5 Minuten kochen lassen.

Deckel abheben, 800 ml kochendes Wasser zugeben, umrühren, wieder zudecken und weitere 5 Minuten kochen lassen.

Dhudhi und Masala-Mischung zugeben, gut verrühren, zudecken und weitere 12–13 Minuten kochen, dabei gelegentlich umrühren. Ein Stück Dal zwischen den Fingern zerdrücken, um zu überprüfen, ob es gar ist; es sollte weich sein und sich leicht zerdrücken lassen. Der Kürbis ist gar, wenn sich ein Messer leicht einstechen lässt.

Gehackte Tomaten und Zitronensaft zugeben und nochmals 3–4 Minuten kochen lassen. Würze überprüfen und nach Geschmack mit Salz nachwürzen. Vom Herd nehmen, mit Koriander garnieren und mit Rotli und Reis servieren.

Man kann dieses Curry 3 Tage im Kühlschrank aufbewahren. Vor dem Servieren dampfend heiß erwärmen.

GILODA BATETA NU SHAAK

TINDOLA-KARTOFFEL-CURRY

(V) (GF) (NF)

Giloda (auch bekannt als Tindola oder Scharlachrauke) ist ein sehr beliebtes Gemüse in Gujarat. Man bereitet viele Currys mit diesem Gemüse zu, aber diese einfache Version mit Kartoffeln ist sehr beliebt und mein Favorit. Es ist ziemlich einfach zuzubereiten, stellen Sie nur sicher, dass Sie, bevor Sie das Curry kochen, die Tindola vorbereiten, die Kartoffeln schneiden und die Masala-Mischung zubereiten. Beim Einkauf achten Sie darauf, glänzende, glatte und feste Exemplare zu nehmen.

650 g Tindola (Scharlachrauke)
80 ml Sonnenblumenöl
½ EL Kreuzkümmelsamen
½ TL Asafoetida
6 Knoblauchzehen, gehackt
2 Kartoffeln (oder 1 große), geschält und in Chips/Frites geschnitten (ich bevorzuge die Sorte Maris Piper)
Frischer Koriander, gehackt, zum Garnieren

MASALA-MISCHUNG

1 EL Koriander, gemahlen
¾ TL Kurkuma, gemahlen
1½ TL Chilipulver
1½ TL Salz

ZUM SERVIEREN

Rotli (siehe Seite 86)
Reisgericht nach Wahl (siehe Seiten 99–100)
Gujarati Dal (siehe Seite 103)

ERGIBT 4 PORTIONEN

Alle Zutaten für die Masala-Mischung in einer Schüssel vermengen und beiseitestellen.

Tindola waschen, trocknen und die Enden abschneiden. Der Länge nach vierteln oder in gleich große Stücke schneiden.

Öl in einer großen Pfanne bei mittlerer Hitze 2–3 Minuten erwärmen. Einige Kreuzkümmelsamen in die Pfanne geben, um zu überprüfen, ob das Öl heiß genug ist; wenn sie zu zischen beginnen, ist das Öl bereit.

Wenn das Öl heiß genug ist, Kreuzkümmelsamen zugeben. Sobald sie aufspringen, Asafoetida unterrühren, Knoblauch zugeben und sautieren, bis er goldbraun ist, dabei gelegentlich umrühren.

Tindola zugeben, auf mittlere Hitze reduzieren und die Pfanne zudecken. 10–12 Minuten kochen, dabei immer wieder den Deckel abheben und kräftig umrühren. Beim Abheben des Deckels Kondenswasser zurück in die Pfanne laufen lassen.

Kartoffeln und Masala-Mischung in die Pfanne geben und umrühren, dabei achtgeben, die Kartoffelstücke nicht zu zerbrechen.

Zudecken und 10–12 Minuten kochen, bis Kartoffeln und Tindola gar sind. Wenn man das Gericht weicher bevorzugt, einfach etwas länger kochen lassen.

Hitze abdrehen und Pfanne 5 Minuten zugedeckt auf dem Herd stehen lassen. Mit Koriander garnieren und warm mit Rotli, Reis und Gujarati Dal servieren.

MAKAI NU SHAAK

MAISKOLBEN-CURRY

(V) (GF)

Dieses wunderbare Curry schmeckt am besten, wenn süßer Mais Saison hat. Tiefgefrorener Mais eignet sich aber auch gut; er sollte nur nach Packungsanleitung aufgetaut werden. Man kann auch Maiskörner verwenden, aber Maiskolben mit der Hand zu essen, macht mehr Spaß. Auch wenn man dabei schmutzig wird! Tunken Sie die Sauce mit Rotli (siehe Seite 86) tauf.

1 Prise Kurkuma
1 Prise Chilipulver
1 Prise Salz
1 kg Maiskolben, gewaschen
120 ml Sonnenblumenöl
½ EL Kreuzkümmelsamen
¼ TL Asafoetida
2 Zwiebeln, klein gewürfelt
4 Knoblauchzehen, gehackt
6 rote Tomaten, püriert
½ TL Garam masala
¼ TL Zucker
1 Prise Kasoori methi (getrocknete Bockshornkleeblätter), zum Garnieren
Rotli (siehe Seite 86) oder Reis, zum Servieren

MASALA-MISCHUNG

20 g ungesalzene Erdnüsse
1 EL Kashmir-Chili/Chilipulver
1 TL Chilipulver
⅓ TL Kurkuma, gemahlen
½ EL Koriander, gemahlen
1 TL Kreuzkümmel, gemahlen
1 TL Salz

ERGIBT 4 PORTIONEN

Zuerst Masala-Mischung zubereiten. Erdnüsse in einer trockenen Pfanne bei niedriger Hitze leicht braun rösten. Beiseitestellen und auskühlen lassen. Sobald sie ausgekühlt sind, Haut entfernen und in einer Küchenmaschine zu feinem Pulver zerreiben, aber nicht zu lange, sonst werden sie ölig.

Gemahlene Erdnüsse in eine Schüssel geben, restliche Zutaten zugeben, alles vermengen und beiseitestellen.

Einen Topf mit Wasser bei starker Hitze auf den Herd stellen, eine Prise Kurkuma, rotes Chilipulver und Salz zugeben. Wasser zum Kochen bringen. Maiskolben einlegen, Topf zudecken, Hitze reduzieren und 8–10 Minuten köcheln lassen, bis der Mais gar ist.

Maiskolben mit einem Schaumlöffel aus dem Wasser nehmen und beiseitestellen, bis sie etwas ausgekühlt sind. Kochwasser zur Seite stellen. Maiskolben auf ein Schneidebrett legen und in 3–4 cm große Stücke schneiden.

Öl in einer großen Pfanne bei mittlerer Hitze einige Minuten erwärmen. Kreuzkümmelsamen zugeben und sobald sie aufspringen, Asafoetida und Zwiebeln zugeben, umrühren und Knoblauch zugeben.

Braten, bis die Zwiebeln leicht goldbraun sind, Masala-Mischung zugeben, kräftig umrühren und einige Minuten weiterbraten.

Einen Spritzer kaltes Wasser, danach pürierte Tomaten zugeben. Auf starke Hitze erhöhen und kochen, dabei gelegentlich umrühren. Nach 2–3 Minuten Garam masala und Zucker einrühren. Kochen, bis sich das Öl absetzt.

Maisstücke mit 250 ml Kochwasser in die Pfanne geben. Zudecken und 5 Minuten kochen. Hitze abdrehen und Pfanne einige Minuten stehen lassen.

Mit einer Prise Kasoori methi garnieren und mit Rotli (und mit Reis, wenn lose Maiskörner verwendet werden) servieren.

TIPP: *Wenn man dieses Curry aufwärmt, 250 ml Wasser zugeben und sehr heiß werden lassen. Die Sauce wird beim Auskühlen eindicken.*

VALOR RINGAR NU SHAAK

HELMBOHNEN-CURRY

(V) (GF) (NF)

Das ist ein authentisches Curry mit ausgeprägtem Geschmack. Vielleicht spricht es nicht jeden an, doch ich empfehle, ihm eine Chance zu geben. Die auch Hyazinthenbohnen genannten Helmbohnen wachsen in Indien und Ostafrika, und getrocknet man kann sie das ganze Jahr über kaufen. Wir empfehlen, frische Bohnen zu kaufen und sie am selben Tag zu verwenden. Die Knospen der Helmbohnen enthalten zwischen zwei und vier festen Bohnen. Die Knospen sind zart, deshalb verwende ich Knospen und Bohnen in diesem Gericht. Achten Sie darauf, dass Sie so viele fasrige Stränge wie möglich von den Bohnen entfernen. Üblicherweise wird das Curry mit Shrikhand (siehe Seite 160) serviert.

250 g frische Helmbohnen (Hyazinthenbohnen)
50 ml/3½ EL Sonnenblumenöl
1 EL Ajowan-Samen
½ TL Asafoetida
250 g Auberginen, in mundgerechte Stücke geschnitten
½ TL Salz
½ TL Kurkuma, gemahlen
2 TL Koriander, gemahlen
1 TL Kreuzkümmel, gemahlen
2 TL Chilipulver
1 Handvoll frischer Koriander, gehackt, zum Garnieren

ZUM SERVIEREN
Rotli (siehe Seite 86)
Gujarati Dal (siehe Seite 103)
Shrikhand (siehe Seite 160)

ERGIBT 4 PORTIONEN

Bohnen in ein Sieb geben und unter kaltem Wasser abspülen. Abtropfen lassen, dann mit einem sauberen Geschirrtuch abtrocknen.

Jede Knospe einzeln aufnehmen, Spitze mit den Fingern abbrechen und nach unten ziehen, um die Faser auf der Seite zu entfernen. Nun das untere Ende aufbrechen, nach oben ziehen und die Faser auf der anderen Seite entfernen. Knospe auseinanderziehen, in die Hälfte schneiden und restliche Fasern entfernen.

Sonnenblumenöl in einer Pfanne bei mittlerer Hitze 2 Minuten erwärmen. Einige Ajowan-Samen einlegen, um zu überprüfen, ob das Öl heiß genug ist; wenn sie zischen, ist es bereit.

Ajowan-Samen in die Pfanne geben, umrühren und dann Asafoetida einrühren. Vorbereitete Bohnen zugeben und gut umrühren, sodass sie gut mit dem Gewürzöl überzogen sind. Pfanne zudecken und 2 Minuten kochen.

Deckel abnehmen und Bohnen umrühren. Auberginen, Salz, Kurkuma, Koriander, Kreuzkümmel und Chilipulver zugeben und die Mischung umrühren, sodass sich das Gemüse mit den Bohnen und Auberginen gut verbindet. Pfanne zudecken und weiter kochen lassen.

Während 2–3 Minuten gelegentlich Deckel abnehmen, dabei das Kondenswasser zurück in die Pfanne fließen lassen. Das Gemüse kurz umrühren und wieder zudecken Wenn die Auberginen weich sind, Curry vom Herd nehmen und mit gehacktem Koriander garnieren.

Mit Rotli, Gujarati Dal und Shrikhand servieren. Wenn man das Curry nicht sofort serviert, kann man es in einem luftdicht verschließbaren Behälter bis zu 3 Tage im Kühlschrank aufbewahren. Zum Servieren dampfend heiß erwärmen.

ANMERKUNG: *Dies ist ein glutenfreies Curry, aber man sollte das Schild auf dem Asafoetida überprüfen; manchmal wird bei der Herstellung Gluten verwendet.*

BHARELA RINGER NU SHAAK

AUBERGINEN-KARTOFFEL-CURRY

(V) (GF)

Das ist ein herrlich duftendes Curry; Auberginen und Kartoffeln halten die Gewürze besonders gut. Baby-Auberginen haben eine festere Konsistenz, aber für dieses Gericht eignen sich alle Sorten.

7–8 Baby-Auberginen
12 Baby-Kartoffeln
120 ml Sonnenblumenöl
½ EL Kreuzkümmelsamen
½ TL Asafoetida
Frische Korianderzweige, zum Garnieren

MASALA-MISCHUNG

50 g ungesalzene Erdnüsse, geröstet, ohne Haut und zu Krümeln zermahlen (siehe Seite 54)
1 TL Kurkuma, gemahlen
½ EL Chilipulver
3 EL Koriander, gemahlen
1 TL Garam masala
3 EL Zucker
1 TL Salz
½ TL Kreuzkümmelsamen
2 TL Ingwer-Knoblauch-Chilipaste (siehe Seite 14)

ZUM SERVIEREN

Rotli (siehe Seite 86)
Gujarati Dal (siehe Seite 103)
Bataku (siehe Seite 143)

ERGIBT 4 PORTIONEN

Alle Zutaten für die Masala-Mischung in einer Schüssel vermengen und beiseitestellen.

Eine Aubergine nehmen und alle Blätter entfernen, aber die Spitze nicht abschneiden. Auf die Seite legen und das untere Ende abschneiden. Nun Aubergine erneut drehen und der Länge nach vierteln, aber nicht ganz bis zur Spitze durchschneiden, sodass die Viertel am Stamm zusammenhalten. Aubergine in eine Schüssel mit kaltem Wasser geben. Vorgang mit den anderen Auberginen wiederholen.

Eine Kartoffel nehmen und entlang der Mitte bis knapp über der Hälfte einschneiden. Mit dem Messer die Kartoffel leicht aufdrücken, dabei achtgeben, sie nicht in zwei Teile zu spalten. Man sollte sich aber keine große Sorgen machen, wenn es trotzdem passiert! Vorgang mit den restlichen Kartoffeln wiederholen.

Mit den Fingern eine Aubergine vorsichtig mit der Gewürzmischung füllen. Mischung fest in die Schnitte drücken. Sobald die Aubergine großzügig gefüllt ist, die vier Seiten wieder fest zusammendrücken. Auf einen Teller legen und Vorgang mit den restlichen Auberginen wiederholen.

Kartoffeln vorsichtig auf dieselbe Weise füllen und Seiten zusammendrücken. Übrig gebliebene Gewürzmischung beiseitestellen und für spätere Verwendung aufbewahren.

Eine große Pfanne bei niederer Hitze 2–3 Minuten erwärmen. Öl zugeben und 2 Minuten erwärmen. Einige Kreuzkümmelsamen in die Pfanne geben, um zu überprüfen, ob das Öl heiß genug ist; wenn sie zischen, ist es bereit.

Kreuzkümmel und Asafoetida zugeben, danach sofort die gefüllten Kartoffeln mit der offenen Seite nach oben zugeben, sodass die Masala-Mischung nicht austritt. Zudecken und auf mittlere Hitze reduzieren.

Nach 1 Minute Pfanne vorsichtig vom Herd nehmen und bei geschlossenem Deckel Kartoffeln nach oben schütteln. Wieder auf den Herd stellen und nach 1 Minute das Schütteln wiederholen, danach nach 1 Minute nochmals schütteln (insgesamt 3 Minuten kochen und schütteln). Deckel abheben, Kartoffeln schütteln und vorsichtig Auberginen zugeben. Zudecken und auf niedrige Hitze reduzieren.

Curry etwa 3 Minuten kochen, dann nochmals bei geschlossenem Deckel schütteln. Gelegentlich Deckel abheben und Kondenswasser zurück in die Pfanne fließen lassen, seitlich und nach oben schütteln und weiterkochen, bis die Kartoffeln weich sind. Restliche Masala-Mischung in das Curry geben und gut schütteln. Hitze abdrehen und Curry 3–4 Minuten ruhen lassen. Mit Korianderzweigen garnieren.

Da es sich um ein trockenes Curry ohne Sauce handelt, serviert man es am besten mit Rotli, Gujarati Dal und Bataku.

KORU BATETA NU SHAAK

TROCKENES KARTOFFEL-CURRY

(V) (GF)

Dieses trockene Kartoffel-Curry ist eines der beliebtesten Gujarati-Currys. Wenn Hindus fasten, gibt es dennoch einige Gerichte, die man essen darf. Die erlaubten Lebensmittel werden oft als Farari-Food bezeichnet und beinhalten alle Früchte, Nüsse und Milchprodukte – auch Kartoffeln. Ich mache dieses Gericht für meinen ältesten Sohn Jaymin, der jeden Montag fastet. Dieses Curry ist sehr leicht zuzubereiten und schmeckt ausgezeichnet! In diesem Rezept verwende ich Cashewkerne, aber Erdnüsse eignen sich auch gut. Sesamkörner verleihen diesem Gericht ein angenehmen Geschmack.

5 große Kartoffeln (etwa 1 kg)
200 ml Sonnenblumenöl
2 TL Kreuzkümmelsamen
2 TL Senfkörner
2 TL Sesamkörner
½ TL Asafoetida
2 grüne Chilischoten, fein gehackt
12–14 Curryblätter
2 EL Sultaninen/gelbe Rosinen
2 EL Cashewkerne
1 TL Kurkuma, gemahlen
1 TL Salz
1 TL Chilipulver
2 TL Koriander, gemahlen
1 TL Kreuzkümmel, gemahlen
2 EL Zucker
1 Handvoll frisch gehackter Koriander, zum Garnieren

ZUM SERVIEREN

Naturjoghurt (weglassen oder pflanzenbasiertes Joghurt für vegane Variante) oder Gujarati Dal (siehe Seite 103)
Reisgericht nach Wahl (siehe Seiten 99–100)

ERGIBT 4 PORTIONEN

Kartoffeln mit Schale in einem großen Topf mit Salzwasser weich kochen. Mit einem Messer einstechen, um zu überprüfen, ob sie gar sind; sie sollten leicht vom Messer fallen. Abgießen und Kartoffeln zum Auskühlen beiseitestellen, bis man sie angreifen kann. Dann Kartoffeln mit den Händen in große Stücke brechen.

Öl in einer großen Pfanne bei mittlerer Hitze 2–3 Minuten erwärmen. Einige Kreuzkümmelsamen in die Pfanne geben, um zu überprüfen, ob das Öl heiß genug ist; wenn sie zu zischen beginnen, ist es bereit.

Sobald das Öl heiß genug ist, Hitze auf niedrigste Stufe reduzieren und Kreuzkümmelsamen, Senfkörner und Sesamkörner zugeben. Kurz umrühren und grüne Chilischoten, Asafoetida und Curryblätter zugeben. 1 Minute braten, dann Sultaninen und Cashewkerne zugeben und 1 Minute weiterbraten.

Kartoffeln in die Pfanne geben, auf mittlere Hitze erhöhen. Pfanne schwenken, um alles vorsichtig zu vermengen, und 1 Minute weiterbraten. Restliche Zutaten zugeben, vorsichtig unterrühren und Pfanne zudecken. Einige Minuten braten, bis die Kartoffeln goldbraun sind. Vom Herd nehmen und mit gehacktem Koriander garnieren.

Mit Naturjoghurt oder Gujarati Dal und Reis servieren. Wenn man das Curry nicht sofort serviert, kann man es in einem luftdicht verschließbaren Behälter bis zu 3 Tage im Kühlschrank aufbewahren. Zum Servieren dampfend heiß erwärmen.

MATAR PANEER

ERBSEN-PANIR-CURRY

(GF) (NF)

Das ist ein Lieblingsgericht der Familie. Panir ist vielseitig, schnellkochend, ähnelt in der Konsistenz Halloumi und zerfällt nicht, wenn er in Saucen köchelt. Ich weiß, dass ein Rezept mit einer langen Liste an Zutaten abschreckend wirken kann, aber versuchen Sie dieses; es ist nicht kompliziert und das Ergebnis ist es wert!

5 Tomaten, gehackt
2 grüne Chilischoten
3–4 cm langes Stück frischer Ingwer, geschält
400 g Panir, in mundgerechte Würfel geschnitten
60 ml Sonnenblumenöl
1 EL Ghee
1 TL Kreuzkümmelsamen
1 getrocknete rote Chilischoten, in Stücke gebrochen
2 Lorbeerblätter
2 Gewürznelken
3 cm lange Zimtstange, in Stücke gebrochen
⅓ TL Asafoetida
1 Zwiebel, fein gehackt
½ EL Ingwer-Knoblauch-Paste (siehe Seite 14)
⅛ TL Kurkuma, gemahlen
⅓ TL Chilipulver
1 TL Kashmir-Chili/Chilipulver
1 TL Koriander, gemahlen
½ TL Kreuzkümmel, gemahlen
½ TL Garam masala
½ TL Salz
200 g frische oder tiefgefrorene (aufgetaut) Erbsen
1 TL Kasoori methi (getrocknete Bockshornkleeblätter)
1 Handvoll frischer Koriander, gehackt

ZUM SERVIEREN
Rotli (siehe Seite 86)
Reisgericht nach Wahl (siehe Seiten 99–100)

ERGIBT 4 PORTIONEN

Tomaten, grüne Chilischoten und Ingwer in einem Mixer zu einer glatten Paste pürieren.

Einen Spritzer Öl in einer Pfanne bei mittlerer Hitze erwärmen. Sobald das Öl heiß ist, Panir einlegen und auf allen Seiten leicht goldbraun braten. Panir aus der Pfanne nehmen und beiseitestellen.

Pfanne wieder bei mittlerer Hitze auf den Herd stellen und Öl und Ghee zugeben. Sobald das Ghee geschmolzen ist, Kreuzkümmelsamen, getrocknete rote Chilischote, Lorbeerblätter, Gewürznelken, Zimtstange und Asafoetida zugeben, mit dem Öl verrühren und 2 Minuten rösten.

Zwiebeln zugeben und 6–7 Minuten sautieren, bis sie goldbraun sind.

Ingwer-Knoblauchpaste zugeben, 1 Minute mitbraten, dann Kurkuma, rotes Chilipulver, Kashmir-Chili, Koriander, Kreuzkümmel, Garam masala und Salz zugeben. Einen Spritzer Wasser zugießen und 1–2 Minuten unter ständigem Rühren kochen.

Pürierte Tomatenpaste zugeben und auf starke Hitze erhöhen. Zudecken und 1 Minute kochen, dann Erbsen und 200 ml Wasser zugeben (oder mehr, wenn man es flüssiger haben möchte). Nochmals kräftig umrühren und 3–4 Minuten kochen, dabei gelegentlich umrühren.

Auf mittlere Hitze reduzieren und Panir zugeben. 3–4 Minuten unter gelegentlichem Rühren kochen, bis sich das Öl absetzt.

Bockshornkleeblätter und gehackten Koriander unterrühren und mit Rotli und Reis servieren.

BATETA NU SHAAK

KARTOFFEL-CURRY

(V) (GF)

Bateta nu shaak bedeutet einfach Kartoffel-Curry auf Gujarati. Dieses Curry ist ein Grundnahrungsmittel in jedem Gujarati-Haushalt und es gibt viele Versionen davon. Erdnüsse heißen „sing dana“ auf Gujarati und werden in verschiedenen Rezepten verwendet. Ich habe Erdnüsse zu den Kartoffeln in diesem Rezept gemischt, die dem Gericht ein extrem tiefes Aroma verleihen. Wenn Sie müssen, lassen Sie die Erdnüsse einfach weg, das Rezept funktioniert auch ohne sie.

5 große Kartoffeln, geschält und in 3 cm große Würfel geschnitten
50 g ungesalzene Erdnüsse
1 Zwiebel, grob gehackt
90 ml Sonnenblumenöl
1 TL Kreuzkümmelsamen
1/3 TL Asafoetida
1 TL Ingwer-Knoblauchpaste (siehe Seite 14)
1 EL Kashmir-Chili/Chilipulver
1/2 TL Chilipulver
1/2 EL Koriander, gemahlen
1/4 TL Kurkuma, gemahlen
1/2 TL Garam masala
1/2 TL Salz
3 Tomaten, gehackt
2 EL Tomatenpüree/Tomatenmark
1 EL Zucker

ZUM SERVIEREN
Rotli (siehe Seite 86)
Reisgericht nach Wahl (siehe Seiten 99–100)
Bataku (siehe Seite 143)

ERGIBT 4 PORTIONEN

Kartoffeln in einem Topf mit kochendem Wasser weich kochen. Ein Messer in eine Kartoffel stechen, um zu überprüfen, ob sie gar sind; sie sollten leicht vom Messer fallen. Abgießen und beiseitestellen.
Eine Pfanne bei niedriger Hitze erwärmen, Erdnüsse unter ständigem Rühren trocken rösten, bis sie beginnen, dunkel zu werden. Vom Herd nehmen und auf einem Teller zum Auskühlen beiseitestellen, bis man sie angreifen kann. Erdnüsse zwischen den Händen reiben, um die Haut zu entfernen, danach in einen Mixer oder eine Küchenmaschine geben und krümelig zerreiben. Herausnehmen und beiseitestellen.

Zwiebel in die Küchenmaschine geben und zu einer Paste pürieren.

Öl in einem Schmortopf bei mittlerer Hitze erwärmen. Wenn es heiß genug ist, Kreuzkümmelsamen zugeben und sobald diese aufspringen, Asafoetida und pürierte Zwiebeln zugeben. Sautieren, bis die Zwiebeln eine hellgelbe Farbe annehmen, dabei gelegentlich umrühren.

Ingwer-Knoblauchpaste einrühren, danach Kashmir-Chili und rotes Chilipulver zugeben und 1–2 Minuten kochen.
Gut umrühren und Erdnüsse und Kartoffeln zugeben. Umrühren, um die Kartoffeln mit den Gewürzen zu überziehen, dann gemahlenen Koriander, Kurkuma, Garam masala und Salz zugeben, gut verrühren und 2 Minuten rösten.

Gehackte Tomaten, Tomatenpüree, Zucker und 240 ml Wasser zugeben und gut verrühren.
Zudecken und unter gelegentlichem Rühren 4–5 Minuten kochen, bis die Kartoffeln durchwärmt sind. Würze überprüfen und bei Bedarf mit Salz, Zucker und Chilipulver nachwürzen.

Mit Rotli, Reis und Lieblings beilagen servieren.

SHAHI PANEER

MILDER PANIR-CURRY

(GF)

80 ml Sonnenblumenöl
2 EL ungesalzene Butter
1 TL Kreuzkümmelsamen
½ EL Kashmir-Chili/Chilipulver
½ TL Chilipulver
¼ TL Kurkuma, gemahlen
½ EL Koriander, gemahlen
½ EL Kreuzkümmel, gemahlen
½ TL Salz
⅓ TL Garam masala
400 g Panir, gewürfelt und auf allen Seiten goldbraun gebraten
50 ml Sahne
1 EL Kasoori methi (getrocknete Bockshornkleeblätter)
Rotli (siehe Seite 86) oder Reis (siehe Seite 99), zum Servieren

MASALA-MISCHUNG

2 Lorbeerblätter
1 getrocknete rote Chilischote
5 grüne Kardamomknospen
1 schwarze Kardamonknospe
1 cm lange Zimtstange
1 Sternanis
2 Gewürznelken
5 schwarze Pfefferkörner

SAUCENBASIS

2 EL Sonnenblumenöl
2 EL ungesalzene Butter
1 Zwiebel, in dünne Scheiben geschnitten
4–5 cm großes Stück frischer Ingwer, geschält und gehackt
5–6 Knoblauchzehen, gehackt
1 grüne Chilischote, fein gehackt
50 g Cashewkerne
4 rote Tomaten, gehackt
240 ml heißes Wasser

ERGIBT 4 PORTIONEN

Dieses Gericht stammt aus der Mogul-Ära und gilt seitdem als königliches Gericht. Es ist ein wunderbar reiches, geschmackvolles Curry mit Cashewkernen und Sahne. Sollten Sie eine vegane Version vorziehen, lassen Sie die Butter weg, verwenden Sie statt Panir festen Tofu und vegane Sahne. Das Gericht eignet sich perfekt für spezielle Gelegenheiten oder wenn Gäste kommen.

Alle Zutaten für die Masala-Mischung in einer Schüssel vermengen und beiseitestellen.

Für die Saucenbasis Öl und Butter in einer flachen Pfanne bei mittlerer Hitze erwärmen. Sobald die Butter geschmolzen ist, Masala-Mischung zugeben und 1–2 Minuten kochen.

Zwiebeln zugeben, umrühren und 2–3 Minuten sautieren, dabei gelegentlich umrühren. Ingwer, Knoblauch und Chilischoten zugeben und 2–3 Minuten braten.

Cashewkerne und Tomaten unterrühren. Heißes Wasser zugießen und 4–5 Minuten kochen, bis die Tomaten weich sind. Pfanne vom Herd nehmen und die Saucenbasis zum Auskühlen auf einen Teller geben. Lorbeerblätter, Zimtstange, grünen und schwarzen Kardamom, und Sternanis aus der Saucenbasis nehmen und entfernen.

Saucenbasis in einem Mixer mit 60 ml Wasser zu einer glatten Paste pürieren. Durch ein Sieb in eine Schüssel gießen, um alle Klumpen zu entfernen.

Für das Curry Öl und Butter in einer Pfanne bei starker Hitze erwärmen. Wenn die Butter geschmolzen ist, Kreuzkümmelsamen zugeben. Sobald die Kreuzkümmelsamen aufspringen, Kashmir-Chili, rotes Chilipulver und einer Spritzer Wasser zugeben, damit es etwas lockerer wird.

Kurkuma, Koriander, Kreuzkümmel, Salz und Garam masala gut unterrühren und 1 Minuten erhitzen, dann Saucenbasis und einen Spritzer Wasser in die Pfanne geben, zudecken und 3–4 Minuten erwärmen,dabei gelegentlich umrühren.

Auf niedrige Hitze reduzieren, Panir zugeben und zudecken. Deckel immer wieder anheben, dabei das Kondenswasser zurück in die Pfanne fließen lassen und umrühren.

Sobald sich das Öl absetzt, Sahne in das Curry rühren und sachte 2–3 Minuten köcheln lassen, dann Bockshornkleeblätter zugeben und vom Herd nehmen. Mit Rotli und Reis servieren.

Wenn man das Curry nicht sofort serviert, kann man es in einem luftdicht verschließbaren Behälter bis zu 3 Tage im Kühlschrank aufbewahren. Zum Servieren sehr heiß erwärmen.

GUVAR NU SHAAK

GUARBOHNEN-CURRY

(V) (GF) (NF)

Guvar nu shaak ist ein einfaches, aber köstliches Guarbohnen-Curry, das nur nach den grundlegendsten indischen Gewürzen verlangt. Versuchen Sie, zarte Guarbohnen zu bekommen, denn sie können ein ziemlich zähes Gemüse sein. Die Kochzeit variiert je nach der Härte der Bohnen. Man kann sie in Asialäden kaufen, aber versuchen Sie frische statt tiefgefrorener Bohnen zu bekommen. Diese Bohnen schmecken leicht bitter, deshalb sollte man bei Bedarf den Geschmack mit Palmzucker, Rohrohrzucker oder Zucker ausgleichen.

400 g Guvar (Guarbohnen)
60 ml Sonnenblumenöl
1 TL Ajowan-Samen
1/3 TL Asafoetida
4 Knoblauchzehen, gehackt
1 TL Kurkuma, gemahlen
1 TL Chilipulver
2 TL Koriander, gemahlen
1/2 TL Salz
150 ml gehackte Tomaten aus der Dose
1/8 TL Garam masala

ZUM SERVIEREN

Rotli (siehe Seite 86)
Reisgericht nach Wahl (siehe Seiten 99–100)
Gujarati Dal (siehe Seite 103)
Naturjoghurt mit 1 Prise Chilipulver und Kreuzkümmel (Joghurt weglassen oder veganes Joghurt für vegane Version verwenden)

ERGIBT 2 PORTIONEN

Guvar in kaltem Wasser waschen, Spitzen oben und unten abschneiden und jede Bohne halbieren.

Öl in einem Schmortopf bei starker Hitze 2 Minuten erwärmen. Einige Ajowan-Samen zugeben, um zu überprüfen, ob das Öl heiß genug ist; wenn sie zischen, ist es bereit.

Ajowan-Samen zugeben und sobald sie aufspringen, Asafoetida und Knoblauch zugeben und auf niedrige Hitze reduzieren.

Guarbohnen zugeben und kräftig umrühren, sodass sie gut mit Gewürzöl überzogen sind.

1–2 Minuten kochen, dann Kurkuma, rotes Chilipulver, Koriander und Salz einrühren. Zudecken und weitere 15 Minuten kochen, dabei gelegentlich umrühren.

Deckel abheben, 50 ml Wasser zugießen, umrühren und wieder zudecken. Guarbohnen können zäh sein, es könnte mehr Wasser nötig sein, um sie gar zu kochen.

Nach 3 Minuten gehackte Tomaten und weitere 50 ml Wasser und Garam masala zugeben, zudecken und noch 2–3 Minuten kochen, bis die Guarbohnen zart sind.

Mit Rotli, Reis, Gujarati Dal und Joghurt servieren.

TIPPS: *Man kann eine Variation dieses Currys machen, indem man gekochte Kartoffeln gleichzeitig mit den Tomaten am Ende der Kochzeit zugibt.*

Sollten Sie keine Guarbohnen finden, verwenden Sie grüne Bohnen.

GOBI MATAR NU SHAAK

BLUMENKOHL-ERBSEN-CURRY

(V) (GF) (NF)

Dieses Blumenkohl-Erbsen-Curry ist in Gujarat und Nord-Indien sehr beliebt. Auf Gujarati bedeutet *gobi* Blumenkohl und *matar* Erbsen. Dieses Curry ist schnell und leicht zuzubereiten, weil man nur Erbsen und Blumenkohl verwendet, die beide die Gewürze wirklich gut aufnehmen. Ich bereite das Gericht zu Hause regelmäßig zu, besonders, wenn ich es eilig habe. Es ist ein ziemlich trockenes Curry, deshalb serviere ich es mit etwas Dal oder Raita (siehe Seite 136), frischem Rotli (siehe Seite 86) und Reis (siehe Seiten 99–100). Ich versuche frische Erbsen aus dem Garten zu verwenden, was etwas mehr Zeitaufwand bedeutet, weil man sie erst auslösen muss. Man kann aber auch tiefgefrorene Erbsen verwenden.

1 großer Blumenkohl
250 g frische Erbsen (aufgetaut, wenn tiefgefroren)
120 ml Sonnenblumenöl
1 TL Kreuzkümmelsamen
¼ TL Asafoetida
1 getrocknete rote Chilischoten
½ rote Paprikaschote, entkernt und gewürfelt
½ TL Kurkuma, gemahlen
1 TL Chilipulver
2 TL Koriander, gemahlen
½ TL Salz
1 Handvoll frischer Koriander, gehackt, zum Garnieren

ERGIBT 4 PORTIONEN

Blumenkohl von den Blättern befreien, die Röschen vom Strunk schneiden und jedes Röschen halbieren. Einen großen Topf mit heißem Wasser füllen, 1 Prise Salz zugeben und die Röschen 5 Minuten ins Wasser legen, danach abgießen.

In einer Pfanne Sonnenblumenöl bei mittlerer Hitze 1–2 Minuten erwärmen. Einige Kreuzkümmelsamen in die Pfanne geben, um zu überprüfen, ob das Öl heiß genug ist; wenn sie zu zischen beginnen und aufspringen, ist das Öl bereit.

Sobald das Öl heiß genug ist, Hitze reduzieren und Kreuzkümmelsamen, Asafoetida, getrocknete rote Chilis und Blumenkohlröschen zugeben. Umrühren, um das Gemüse mit Gewürzöl zu überziehen, und 5–6 Minuten braten, dabei gelegentlich umrühren.

Erbsen und rote Paprikaschote in die Pfanne geben, dann die restlichen Gewürze und Salz. Vorsichtig umrühren, um das Gemüse bestmöglich mit den Gewürzen zu überziehen, danach zudecken. Deckel nach 2–3 Minuten abheben und kräftig umrühren. Ohne Deckel weitere 2 Minuten kochen, bis der Blumenkohl gar ist. Pfanne vom Herd nehmen, mit gehacktem Koriander garnieren und servieren.

Wenn man das Curry nicht sofort serviert, kann man es in einem luftdicht verschließbaren Behälter bis zu 3 Tage im Kühlschrank aufbewahren. Zum Servieren sehr heiß erwärmen.

BHINDA BATETA NU SHAAK

OKRA-KARTOFFEL-CURRY

(V) (GF) (NF)

Dieses Okra-Kartoffel-Curry basiert nicht auf einer Sauce, sondern ist ein eher trockenes, in der Pfanne gebratenes Curry. Es ist ein delikates Gericht, bei dem die Kartoffeln in kleine Würfel geschnitten werden, damit sie schneller gar sind. Dieses klassische Gujarati-Gericht ist bei unseren Gästen im Restaurant sehr beliebt. Meine Söhne mochten Okra eigentlich nicht, als sie jünger waren, aber jetzt lieben sie sie. Ich verwende immer frische Okra, die immer erhältlich sind.

100 ml Sonnenblumenöl
1 TL Ajowan-Samen
½ TL Asafoetida
200 g Okra, gewaschen, getrocknet und quer in 1,5 cm große Stücke geschnitten
200 g weiße Kartoffeln, geschält in 1,5 cm große Würfel geschnitten
1 TL Kurkuma, gemahlen
1 TL Chilipulver
2 TL Koriander, gemahlen
⅔ TL Salz
¼ TL Zitronensaft

ZUM SERVIEREN
Rotli (siehe Seite 86)
Gujarati Dal (siehe Seite 103)

ERGIBT 2 PORTIONEN

Öl in einer Pfanne bei starker Hitze 2 Minuten erwärmen. Einige Ajowan-Samen zugeben, um zu überprüfen, ob es heiß genug ist; wenn sie zischen, ist das Öl bereit.

Auf mittlere Hitze reduzieren. Ajowan-Samen und Asafoetida in die Pfanne geben, einmal umrühren und dann Okra zugeben. Umrühren, um Okra mit Öl zu überziehen, zudecken und 2 Minuten kochen, dabei gelegentlich umrühren.

Kartoffel zugeben, ein paar Mal umrühren und dann Kurkuma, rotes Chilipulver, Koriander, Salz und Zitronensaft zugeben und umrühren, um das Gemüse mit den Gewürzen zu überziehen.

Zudecken und etwa 8–10 Minuten kochen. Gelegentlich den Deckel abnehmen, dabei das Kondenswasser zurück in die Pfanne fließen lassen, umrühren und wieder zudecken. Sobald sich Okra und Kartoffeln leicht schneiden lassen, Pfanne vom Herd nehmen.

Wenn gewünscht, mit Rotli und Gujarati Dal servieren.

TIPP: *Es ist wichtig, dass die Okra vor und während des Kochens trocken sind. Schoten im Ganzen waschen, trocken tupfen und Stängel vor dem Schneiden und Kochen entfernen. So werden die Schoten während des Kochens nicht schleimig.*

DAL PALAK

MUNGOBOHNEN-SPINAT-CURRY

(V) (GF) (NF)

Das ist Comfort-Food vom Feinsten! Dal palak ist ein sehr berühmtes, gesundes nordindisches Gericht aus Mungobohnen, Spinat und Gewürzen. Es ist leicht zuzubereiten, da Mungobohnen schneller kochen als andere Hülsenfrüchte. Ich esse dieses Gericht sehr häufig, da es nicht nur köstlich ist, sondern auch hohen Nährwert und Vorteile für die Gesundheit besitzt. Es gleicht meine Ernährung aus und ist auch noch leicht verdaulich. Servieren Sie dieses angenehme Gericht an kalten Abenden, oder wenn Sie sich nicht ganz wohl fühlen.

150 g Mungobohnen
60 ml Sonnenblumenöl
½ EL Kreuzkümmelsamen
½ TL Asafoetida
4 Knoblauchzehen, gehackt
⅛ TL Kurkuma, gemahlen
1 TL Koriander, gemahlen
¼ TL Chilipulver
½ TL Ingwer-Knoblauchpaste (siehe Seite 14)
½ TL Salz
1 grüne Chilischote, gehackt
150 g Baby-Spinat, gehackt

ZUM SERVIEREN

Rotli (siehe Seite 86) oder Reisgericht nach Wahl (siehe Seiten 99–100)

ERGIBT 2 PORTIONEN

Bohnen in kaltem Wasser waschen und in einer Schüssel in 1 l kaltem Wasser 2–3 Minuten einweichen. Danach mit frischem Wasser abspülen.

Öl in einer flachen Pfanne bei starker Hitze 2–3 Minuten erwärmen. Kreuzkümmelsamen zugeben, und sobald sie aufspringen, Asafoetida und Knoblauch und kräftig umrühren. Auf mittlere Hitze reduzieren.

Bohnen zugeben und umrühren, um alle mit Gewürzöl zu überziehen. 750 ml Wasser zugießen, kurz umrühren und alle restlichen Zutaten, außer Spinat, zugeben. Zudecken und etwa 18–20 Minuten gar kochen, dabei gelegentlich umrühren. Um die Garstufe zu überprüfen, eine Bohne zwischen den Fingern zerdrücken.

Wenn der Dal zu trocken ist, etwas Wasser zugießen, um ihn aufzulockern.

Spinat zugeben, Herd abschalten und zugedeckt 2–3 Minuten vor dem Servieren zusammenfallen lassen.

Mit Rotli oder Reis servieren.

Wenn man das Curry nicht sofort serviert, kann man es in einem luftdicht verschließbaren Behälter bis zu 3 Tage im Kühlschrank aufbewahren. Zum Servieren sehr heiß erwärmen.

TIPPS: *Da Spinat sehr schnell gar ist, erst am Ende der Kochzeit zugeben und in der heißen Pfanne vor dem Servieren zusammenfallen lassen.*

Als Variation kann man auch Grünkohl statt Spinat verwenden.

CHANA MASALA

KICHERERBSEN-CURRY

(V) (GF) (NF)

Ich würde Sie gern mit einem der beliebtesten nord-indischen veganen Currys bekannt machen – Chana masala. Als berühmter und unglaublich populärer Klassiker dieser Region handelt es sich um ein herzhaftes, bekömmliches Gericht, in dem die Kichererbsen oder Chana in einer köstlichen Tomaten-Zwiebelsauce mit der einfachen Gewürzmischung „Masala" gekocht werden.

100 ml Sonnenblumenöl
½ EL Ajowan-Samen
½ TL Asafoetida
1 getrocknete rote Chilischoten
1 große weiße Zwiebel, gewürfelt
4 Knoblauchzehen, gehackt
1 EL Kichererbsenmehl
4 Tomaten, im Mixer püriert
1 EL Kashmir-Chili/Chilipulver
1 TL Chilipulver
½ EL Koriander, gemahlen
⅓ TL Kurkuma, gemahlen
1 TL Salz
1 EL Palmzucker/Rohrohrzucker
½ TL Garam masala
2 x 400 g Dosen Kichererbsen, abgegossen
Reisgericht nach Wahl (siehe Seiten 99–100), zum Servieren

ZUM GARNIEREN

Scheiben von roten Zwiebeln
Zitronenspalten
Grüne Chilischote, geschnitten
Frische Korianderblätter

ERGIBT 4 PORTIONEN

Öl in einer Pfanne bei starker Hitze 2 Minuten erwärmen. Ajowan-Samen zugeben und sobald sie aufspringen, Asafoetida und getrocknete Chilis zugeben. Kürz umrühren, Zwiebeln zugeben und im Öl goldbraun sautieren, dabei gelegentlich umrühren.

Knoblauch zugeben und auf niedrige Hitze reduzieren. Kichererbsenmehl zugeben und schnell unterrühren. Tomaten zugeben und auf mittlere Hitze erhöhen. Pfanne zudecken und Sauce kochen lassen, dabei gelegentlich umrühren.

Sobald sich das Öl von den Zwiebeln absetzt, Kashmir-Chili und rotes Chilipulver zugeben und gut verrühren. Zudecken und 1 Minute weiter kochen, dann Koriander, Kurkuma und Salz in das Curry mischen. Danach Palmzucker und Garam masala mit 120 ml Wasser zugeben.

Kichererbsen in das Curry rühren, zudecken und etwa 5 Minuten kochen, bis sich das Öl abgesetzt hat und alles sehr heiß ist.

Mit Reis servieren, garniert mit roten Zwiebeln, Zitronenspalten, geschnittenen Chilischoten und Koriander.

Wenn man das Curry nicht sofort serviert, kann man es in einem luftdicht verschließbaren Behälter bis zu 3 Tage im Kühlschrank aufbewahren. Zum Servieren sehr heiß erwärmen.

TIPP: *Um es sich leichter zu machen, verwendet man in diesem Rezept Kichererbsen aus der Dose. Man kann aber stattdessen auch getrocknete Kichererbsen verwenden, nur muss man diese einige Stunden, besser über Nacht, einweichen. Ich verwende hier auch ein wenig Kichererbsenmehl, um die Sauce einzudicken.*

CHANA DAL

GELBER SPALTERBSEN-CURRY

(V) (GF) (NF)

Ich liebe es, dieses Gericht zu kochen, wenn mir der Sinn nach etwas Warmen und Pikantem steht; es eignet sich großartig für kalte Winterabende. Dieses Gericht wird in drei Stufen gekocht. Die Spalterbsen benötigen etwas Vorbereitung, da sie gewaschen, getrocknet und in einem Druckkochtopf gekocht werden müssen. Wenn sie gar sind, kocht man sie mit den Gewürzen und schlussendlich versieht man sie mit Vagar (Gewürzöl), Öl).

100 g Chana dal (gelbe Spalterbsen)
1 l frischt abgekochtes Wasser
1/8 TL Salz
1/8 TL Kurkuma, gemahlen

DAL

120 ml Sonnenblumenöl
1 TL Kreuzkümmelsamen
1 getrocknete rote Chilischoten
3–4 cm lange Zimtstange, in Stücke gebrochen
2 Gewürznelken
2 Lorbeerblätter
1/8 TL Kurkuma, gemahlen
1/3 TL Asafoetida
1 Zwiebel, klein gewürfelt
1 EL Ingwer-Knoblauchpaste (siehe Seite 14)
2 grüne Chilischoten, gehackt
120 ml gehackte Tomaten, aus der Dose
1/2 EL Kashmir-Chili/Chilipulver
1/2 TL Koriander, gemahlen
1/4 TL Kreuzkümmel, gemahlen
1/4 TL Garam masala
1/2 TL Salz

VAGAR (GEWÜRZÖL)

2 EL Sonnenblumenöl
1/2 TL Senfkörner
1 rote Chilischote, längs halbiert
4–5 Curryblätter

ZUM SERVIEREN

Rotli (siehe Seite 86) oder Reis
Limbu nu Athanu (siehe Seite 148)

ERGIBT 2 PORTIONEN

Spalterbsen mehrere Male unter fließendem kalten Wasser waschen, bis dieses klar abfließt. Erbsen in eine Schüssel geben, 500 ml frisch abgekochtes Wasser zugießen und 15 Minuten einweichen. Abgießen und beiseitestellen.

500 ml Wasser in einen Dampfkochtopf gießen und eingeweichte Erbsen, Salz und Kurkuma zugeben. Deckel schließen und Topf bei starker Hitze auf den Herd stellen. Kochen, bis der Topf zweimal pfeift, vom Herd nehmen, beiseitestellen und auskühlen lassen.

Ohne den Deckel zu öffnen, Pfeifknopf entfernen, sodass der Dampf austreten kann und dann den Topf öffnen. Eine Erbse zwischen Daumen und Zeigefinger zerdrücken, um zu überprüfen, ob die Erbsen gar sind. Wenn die Erbsen noch zu hart sind, Deckel wieder schließen und bei starker Hitze nochmals kochen, bis es einmal pfeift.

Öl in einer Pfanne bei mittlerer Hitze 2 Minuten erwärmen. Einige Kreuzkümmelsamen zugeben, wenn sie zischen, ist das Öl heiß genug.

Kreuzkümmelsamen, getrocknete Chili, Zimtstangen, Gewürznelken und Lorbeerblätter zugeben und ein paar mal umrühren. Kurkuma und Asafoetida schnell unterrühren, dann Zwiebel zugeben und etwa 8 Minuten goldbraun braten.

Ingwer-Knoblauchpaste einrühren, danach grüne Chilischoten zugeben. Sobald die Paste leicht goldbraun ist, Tomaten zugeben, 2 Minuten umrühren, dabei alle Tomatenstücke zerdrücken.

Kashmir-Chili, gemahlenen Koriander, Kreuzkümmel, Garam masala und Salz zugeben und weitere 2 Minuten umrühren

Gekochte Erbsen mit dem Kochwasser zugeben, auf starke Hitze erhöhen, zudecken und unter gelegentlichem Rühren etwa 3–4 Minuten kochen. Pfanne vom Herd nehmen und Dal in eine Schüssel geben.

In letzter Minute Vagar zubereiten. Pfanne mit Küchenpapier auswischen. Öl darin bei starker Hitze erwärmen. Senfkörner zugeben und sobald sie aufspringen, roten Chili und Curryblätter zugeben. Kurz umrühren und das Gewürzöl sofort über den Dal gießen.

Mit Rotli, Reis und anderen Beilagen wie Limbu nu Athanu servieren.

TIPPS: *Dieser Dal schmeckt auch köstlich garniert mit Korianderblättern und rotem Amaranth.*

Wenn Sie keinen Druckkochtopf besitzen, lesen Sie auf Seite 82, wie man Spalterbsen kocht.

PURVAR NU SHAAK

SPITZKÜRBIS-CURRY

(GF) (NF)

Dies ist ein wunderbares Gujarati-Curry mit Purvar (Spitzkürbis). Sie sind leicht zäher als andere Kürbisse, dadurch eignen sie sich ideal zum Füllen mit einer Masala-Mischung, weil diese nicht austritt. Wenn Sie Spitzkürbis kochen, geben Sie darauf acht, sie in der Pfanne nicht umzurühren – schütteln Sie sie stattdessen vorsichtig seitlich. Die Masala-Mischung verleiht diesem Gericht einen besonders intensiven Geschmack.

350 g Purvar (Spitzkürbis)
100 ml Sonnenblumenöl
1 TL Kreuzkümmelsamen
80 ml Naturjoghurt
1 TL Koriander, gemahlen
1 TL Kashmir-Chili/Chilipulver
¼ TL Kurkuma, gemahlen
1 TL Kreuzkümmel, gemahlen
¼ TL Asafoetida
4 Tomaten, gehackt
½ TL Chilipulver
1 TL Zucker

MASALA-MISCHUNG

6 EL Koriander, gemahlen
½ TL Kurkuma, gemahlen
2 TL Kreuzkümmel, gemahlen
1 TL Kashmir-Chili/Chilipulver
½ TL Salz
½ TL Asafoetida
½ TL Garam masala
2 EL Kichererbsenmehl
1 Handvoll frischer Koriander
½ TL Zitronensaft, frisch gepresst
1 EL Ingwer-Knoblauchpaste (siehe Seite 14)
1 EL Sonnenblumenöl
1 Handvoll frische Korianderzweige, zum Garnieren

ZUM SERVIEREN

Rotli (siehe Seite 86) und Reis

ERGIBT 2 PORTIONEN

Alle Zutaten für die Masala-Mischung in einer Schüssel gut verrühren. Wenn man die Masala-Mischung zusammendrückt, sollte sie ihre Form behalten.

Spitzkürbis waschen, schälen und die Spitzen oben und unten abschneiden. Einen Schlitz entlang der Seiten einschneiden und die Samen aus dem Inneren mit einem Löffel entfernen. Jeden Kürbis vorsichtig offen drücken, dabei darauf achten, dass er nicht vollständig gespalten wird, und mit der Masala-Mischung füllen. Die Seiten wieder zusammendrücken, dabei wenn nötig überschüssige Füllung entfernen. Die gefüllten Kürbisse und restliche Masala-Mischung für später beiseitestellen.

Öl in einer flachen Pfanne bei starker Hitze 1 Minute erwärmen. Kreuzkümmelsamen zugeben und sobald sie aufspringen, auf niedrige Hitze reduzieren.

Spitzkürbis mit der gefüllten Seite nach oben einlegen, sodass die Masala-Mischung nicht herausfällt. Pfanne zudecken und 5–6 Minuten kochen. Kürbis mit einer Gabel einstechen, um zu überprüfen, ob er gar ist; er sollte leicht heruntergleiten.

Sobald der Kürbis gar ist, auf einen Teller legen; in der Pfanne verbliebenes Öl und Masala-Mischung beiseitestellen.

Joghurt, Koriander, Kashmir-Chili und Kurkuma in einer Schüssel verrühren. Wenn noch Masala-Mischung vom Füllen des Kürbis übrig ist, diese auch in die Joghurt-Mischung rühren.

Dieselbe Pfanne bei niedriger Hitze wieder auf den Herd stellen. Sobald das Öl heiß ist, Kreuzkümmel und Asafoetida zugeben und gut vermengen. Gehackte Tomaten ebenfalls unterrühren.

Sobald sich das Öl von den anderen Zutaten absetzt, rotes Chilipulver zugeben, kurz umrühren und die Joghurt-Mischung in die Pfanne geben. Vorsichtig alles verrühren.

Sobald sich das Öl wieder absetzt, 2 EL Wasser zugießen und weitere 2–3 Minuten kochen, dabei gelegentlich umrühren.

Sobald die Mischung eindickt, Zucker zugeben, kräftig umrühren und Herd abschalten. Spitzkürbis wieder in die Pfanne geben und vorsichtig in die Sauce einrühren. Zudecken und 5 Minuten ruhen lassen. Mit einigen Korianderzweigen garnieren. Mit Reis und Rotli servieren.

TIPP: *Beim Einkauf von Spitzkürbis suchen Sie nach jungen Exemplaren mit hellgrüner Schale und weißen Längslinien. Sie ähneln kleinen Wassermelonen!*

RAJMA NU SHAAK

KIDNEYBOHNEN-CURRY

(V) (GF) (NF)

Dieses Gericht ist so voller Aromen, dass es die Zeit wert ist, die man braucht, um die getrockneten Kidneybohnen einzuweichen und in einem Druckkochtopf zu kochen, bevor man das Curry zubereitet. Man kann jedoch auch die zwei ersten Abschnitte überspringen, wenn man stattdessen Bohnen aus der Dose verwendet.; so ist das Curry so schnell zubereitet wie jedes andere.

UM DIE BOHEN VORZUBEREITEN

160 g getrocknete Kidneybohnen
700 ml kochendes Wasser
1 Prise Salz

CURRY

50 ml Sonnenblumenöl
½ EL Ajowan-Samen
¼ TL Asafoetida
1 TL Kichererbsenmehl
250 ml gehackte Tomaten aus der Dose
¼ TL Kurkuma, gemahlen
1 TL Koriander, gemahlen
½ TL Kreuzkümmel, gemahlen
½ TL Salz
¼ TL Chilipulver
½ TL Ingwer-Knoblauch-Chilipaste (siehe Seite 14)
½ TL Garam masala
2 TL Zucker
2 EL Tomatenketchup
Frischer Koriander, gehackt, zum Garnieren

ZUM SERVIEREN

Rotli (siehe Seite 86)
Reisgericht nach Wahl (siehe Seiten 99–100)

ERGIBT 4 PORTIONEN

TIPP: *Wenn man Kidneybohnen aus der Dose verwendet, sollte man sie vor der Verwendung abgießen und gründlich waschen.*

Getrocknete Kidneybohnen in einer Schüssel mit kochendem Wasser übergießen. Beiseitestellen und 6–8 Stunden, besser über Nacht einweichen. Bohnen durch ein Sieb abgießen und unter heißem fließenden Wasser gründlich waschen.

450 ml Wasser mit Salz in einen Druckkochtopf geben. Wasser erwärmen, bis es köchelt, dann Kidneybohnen zugeben. Deckel schließen und kochen, bis der Druckkochtopf 3–4 Mal pfeift.

Vom Herd nehmen und zum Auskühlen beiseitestellen. Ohne den Deckel zu öffnen, den Pfeifknopf entfernen, damit der Druck entweichen kann, dann den Topf öffnen. Eine Bohne zwischen Daumen und Zeigefinger zerdrücken, um zu überprüfen, ob sie gar sind; wenn das leicht geht, sind die Bohnen gar. Sollten sie noch zu hart sein, Druckkochtopf nochmals auf den Herd stellen, bis er einmal pfeift.

Öl in einem Topf bei mittlerer Hitze 90 Sekunden erwärmen. Einige Ajowan-Samen zugeben, um zu überprüfen, ob das Öl heiß genug ist; wenn sie zischen, ist es bereit, andernfalls noch 30 Sekunden erwärmen und nochmals überprüfen.

Ajowan-Samen ins Öl geben und 30 Sekunden rühren. Asafoetida zugeben, kurz verrühren und Kichererbsenmehl zugeben. Auf niedrige Hitze reduzieren und umrühren, bis das Mehl leicht rot wird.

240 ml Wasser und gehackte Tomaten zugeben und 2 Minuten vorsichtig umrühren. Kurkuma, Koriander, Kreuzkümmel, Salz, Chilipulver, Ingwer-Knoblauch-Chilipaste zugeben und gut umrühren. Garam masala ebenfalls zugeben und weitere 30 Sekunden umrühren.

Gekochte Kidneybohnen und Tomatenketchup zugeben und rühren, bis das Curry zu köcheln beginnt. Zudecken und einige Minuten weiterköcheln lassen.

Deckel abnehmen und Topf vom Herd nehmen. Curry leicht auskühlen lassen und in eine Servierschüssel geben. Mit gehacktem Koriander garnieren.

Mit Rotli, einem Reisgericht und einer Beilage nach Wahl servieren.

Wenn man das Curry nicht sofort serviert, kann man es in einem luftdicht verschließbaren Behälter bis zu 3 Tage im Kühlschrank aufbewahren. Zum Servieren sehr heiß erwärmen.

ANMERKUNG: *Um die Bohnen ohne Druckkochtopf zu kochen, muss man sie in einen großen Topf mit schwerem Boden und dicht schließendem Deckel köcheln lassen, bis sie zart sind. Da so mehr Dampf entweicht, sollte man immer wieder heißes Wasser nachgießen. Kochzeit und Wassermenge können variieren, aber man sollte die Bohnen kochen, bis sie ganz weich sind.*

ROTLI, BHAAT, DAL

BROTE, REIS & DAL

ROTLI

CHAPATI

(V) (NF)

Rotli ist eines der traditionellen indischen Brote, das am häufigsten mit den meisten Currys serviert wird. Wir essen es mit den Fingern, und es ist üblich, ein Stück abzubrechen und es wie einen Löffel zu verwenden, um ein Curry zu essen. Beim Zubereiten von Rotli habe ich immer mehrere Gasflammen bei starker Hitze brennen, sodass ich das in der Tava (flache gusseiserne Bratpfanne für Fladenbrote) gebratene Rotli einige Sekunden direkt über die nackte Flamme halte. So bläht es sich auf. Danach staple ich sie aufeinander und serviere sie. Sollten sie keine Tava besitzen, verwenden Sie stattdessen eine Bratpfanne.

300 g Chapati-Mehl (indisches Vollkornmehl), plus extra zum Bestäuben
⅛ TL Salz
60 ml Sonnenblumenöl, plus extra zum Befetten
240 ml lauwarmes Wasser
Butter (optional, für die vegane Variante weglassen)

ERGIBT ETWA 20 ROTLI

Mehl in eine Schüssel sieben und Salz und Öl vorsichtig einarbeiten. Wasser nach und nach zugießen und langsam mit den anderen Zutaten vermengen. Den Teig mit den Händen kneten, bis er weich und geschmeidig wird. Ist der Teig zu klebrig, mehr Mehl zugeben und einige Minuten einarbeiten. Der Teig sollte glatt sein, und die Finger sollten Druckstellen hinterlassen.

Handflächen mit einigen Tropfen Öl befetten und über dem Teig verteilen. Mit einem sauberen Geschirrtuch abdecken und 15 Minuten ruhen lassen.

Eine saubere Arbeitsfläche leicht mit Mehl bestäuben und eine *Tawa* oder Pfanne bei niedriger Hitze erwärmen.

Ein Teigstück (ca. 25 g) abstechen, zwischen den Handflächen zu einer Kugel rollen und danach leicht abflachen. Teig auf beiden Seiten sehr leicht mit Mehl bestäuben, überschüssiges Mehl abschütteln und zu einer Scheibe mit 13–14 cm Durchmesser ausrollen. Sollte der Teig auf der Arbeitsfläche kleben bleiben, diese mit etwas mehr Mehl bestäuben.

Rotli in die heiße Pfanne geben und sobald die Ränder Blasen werfen, umdrehen und auf der anderen Seite braten, bis braune Punkte auf der Bodenseite aufscheinen.

Über einer anderen Gasflamme Rotli mit einer Zange über die nackte Flamme halten, bis es sich aufbläht. Danach auf einen Teller legen. Rotli auf der einen Seite leicht mit Butter bestreichen, sodass das nächste Brot beim Aufstapeln nicht daran kleben bleibt. Für die vegane Variante diesen Schritt auslassen und einfach Backpapier zwischen die Rotli legen.

Vorgang mit restlichem Teig wiederholen, bis alle Brote aufgetürmt sind.

Zum Warmhalten in Folie wickeln. Idealerweise serviert man Rotli warm, aber man kann sie auch 1–2 Minuten auf jeder Seite aufwärmen. Reste in luftdicht verschließbaren Behältern aufbewahren.

ANMERKUNG: *Chapati-Mehl oder indisches Vollkornmehl ist in Asialäden und gut bestückten Supermärkten erhältlich. Wenn man keines bekommt, Vollkornmehl und Mehl zu gleichen Teilen mischen.*

METHI NA DHEBRA

BOCKSHORNKLEE-HIRSE-FLADENBROT

(V) (NF)

Hirsemehl verleiht diesem Brot eine rustikale Textur, die etwas derber ist als bei anderen Brottypen. Manchmal frühstücke ich Methi na Dhebra mit Keri no Chundo (siehe Seite 144). Ja, das klingt seltsam, aber manchmal esse ich einfach gern ein pikantes Frühstück. Debra kann man jedoch zu jeder Zeit essen, auch zum Tee.

Getrocknete Methi (Bockshornkleeblätter) kann man zwar auch verwenden, aber frische Methi sind nicht zu schlagen. Seien Sie vorsichtig beim Ausrollen, Teig aus Hirsemehl kann sehr klebrig sein. Wenn ich den Teig ausrolle, lege ich das rohe Dhebra auf ein feuchtes Tuch, mit dem ich dann das Brot in die heiße Pfanne übertrage. Geben Sie nur darauf acht, dass das Tuch immer feucht gehalten wird, wenn Sie die einzelnen Brote braten.

100 g Methi (frische Bockshornkleeblätter)
25 g frischer Koriander, gehackt
150 g Hirsemehl
50 g Chapati-Mehl (indisches Vollkornmehl)
2 EL Sonnenblumenöl, plus extra zum Braten
3/4 TL Salz
1/8 TL Kurkuma, gemahlen
1/2 EL Sesamkörner
1 TL Chilipulver
1 TL Ajowan-Samen
1 EL Ingwer-Knoblauch-Chilipaste (siehe Seite 14)
1 EL Zucker
1 EL Zitronensaft, frisch gepresst
1/3 TL Asafoetida

ZUM SERVIEREN
Pflanzenbasierter Joghurt
1 Prise rotes Chilipulver
1 Prise Kreuzkümmelsamen

ERGIBT 10 DHEBRA

Alle Zutaten in einer Schüssel vermengen, 180 ml Wasser nach und nach zugießen und einarbeiten. Kneten, bis der Teig glatt ist und sich von der Schüssel löst.

Ein 20 x 20 cm großes, feuchtes Mulltuch auf eine Arbeitsfläche legen.

Einen Spritzer Öl in einer *Tawa* oder Bratpfanne bei mittlerer Hitze 3 Minuten erwärmen.

Ein Teigstück (ca. 50 g) abstechen, zu einer Scheibe mit 13 cm Durchmesser ausrollen und auf ein feuchtes Mulltuch legen. Tuch anheben und das Fladenbrot durch Wenden des Tuchs in Pfanne legen, danach Mulltuch abziehen.

Nach 20 Sekunden, einen Spritzer Öl rund um das Dhebra geben und mit einer Spatel die Ränder anheben. Nach 30–40 Sekunden, Dhebra wenden und auf der anderen Seite 1 Minute braten. Noch einen Spritzer Öl zugeben und nochmals wenden. 2–3 Minuten weiterbraten, bis das Dhebra auf beiden Seiten gebräunt ist, bei Bedarf mehr Öl zugießen. Fertige Dhebra auf einen Teller legen.

Mulltuch wieder mit Wasser befeuchten und Vorgang mit dem restlichen Teig wiederholen. Fertige Brote aufeinander stapeln und warm halten.

Dhebra mit Joghurt und einer Prise Chilipulver und Kreuzkümmelsamen servieren.

TIPP: *Dieses Brot ist beliebt, um es auf lange Reisen mitzunehmen, da es gut 2–3 Tage aufbewahrt werden kann.*

ZUBEREITUNG VON DHEBRA

Nachdem ich die Methiblätter (Bockshornkleeblätter) von den Zweigen gezupft und in den Teig in einer Schüssel gemischt habe, flache ich das Teigstück auf dem Stein (feuchten Tuch) ab und rolle es mit einem *Velan* (indisches Nudelholz für Brote) aus. Doch auch ein normales Nudelholz funktioniert gut.

ALOO PARATHA

FLADENBROT MIT PIKANTER KARTOFFELFÜLLE

(V) (NF)

Aloo Paratha ist ein köstliches Fladenbrot mit einer pikanten Kartoffelfülle, das in der Pfanne gebraten wird. Es eignet sich großartig für ein Frühstück oder einen Snack. In diesem Rezept gibt es mehrere Abschnitte – Kneten des Teiges, Zubereitung der pikanten Füllung und Braten in der Pfanne.

PARATHA-TEIG

250 g Chapati-Mehl (indisches Vollkornmehl), plus extra zum Bestäuben
1 Prise Salz
2½ EL Sonnenblumenöl, plus extra zum Beträufeln
110 ml lauwarmes Wasser (Menge kann mit der Mehlsorte variieren)

PARATHA-FÜLLE

500 g gekochte Kartoffeln (mit der Schale, danach schälen)
1 TL Salz
40 g/2½ EL Zucker
1 TL Zitronensaft, frisch gepresst
20 g frischer Koriander
½ EL Garam masala
2 EL Ingwer-Knoblauch-Chilipaste (siehe Seite 14)

ZUM SERVIEREN

Limbu nu Athanu (siehe Seite 148, optional)

ERGIBT 12 PARATHA

Zuerst Teig zubereiten. Mehl in eine Schüssel sieben, Salz und Öl vorsichtig einarbeiten, Wasser nach und nach zugießen, langsam mit restlichen Zutaten vermengen und mit den Händen zu einem festen Teig kneten.

Ein wenig Sonnenblumenöl auf den Teig träufeln und mit den Händen darüber verteilen. Mit einem sauberen Geschirrtuch abdecken und 15 Minuten ruhen lassen. Tuch abnehmen und Teig in 12 gleiche große Kugeln rollen.

Für die Fülle gekochte Kartoffeln in eine Schüssel reiben, restliche Zutaten zugeben und mit den Händen vorsichtig vermengen. Aus der Mischung 12 gleich große Kugeln formen und auf einen Teller legen.

Arbeitsfläche leicht mit Mehl bestäuben. Teigkugel auflegen und mit den Fingern zu einer Scheibe mit 8-10 cm im Durchmesser nach außen drücken.

Eine Kartoffelkugel in die Mitte legen und den Teig vorsichtig nach oben ziehen und um die Kartoffelfülle wickeln, sodass alles gut umhüllt ist. Überschüssigen Teig entfernen.

Eine *Tava* oder Bratpfanne bei niedriger Hitze 2 Minuten erwärmen.

In der Zwischenzeit die gefüllte Teigkugel auf einer Arbeitsfläche leicht mit Mehl bestäuben. Die Kugel sehr vorsichtig zu einer Scheibe mit 12 cm Durchmesser ausrollen. Die Größe ist nicht so wichtig, aber die Paratha sollte nicht zu dünn ausgerollt werden.

Paratha in die heiße, trockene Pfanne legen und 20 Sekunden auf einer Seite braten. Wenden und mit einem Spritzer Öl beträufeln. Nochmals wenden und wieder mit einem Spritzer Öl beträufeln. 1 Minute rösten, dabei Brot gelegentlich mit einer Spatel nach unten drücken. Wenden, auf dieser Seite rösten und wieder nach unten drücken. Sobald die Paratha goldbraun ist, ist sie fertig. Möglicherweise muss man öfter wenden, aber die Paratha darf nicht verbrennen.

Man sollte jede Paratha einzeln füllen und braten. Wenn man alle auf einmal zubereitet, werden sie zu weich und fallen auseinander.

Sobald die Paratha fertig sind, mit Limbu nu Athanu oder einfach so servieren.

PURI

AUFGEBLÄHTES BROT

(V) (NF)

Puri ist ein sehr beliebtes indisches Brot aus Weizenmehl, Salz, Öl und Wasser. Der Teig wird zu Scheiben ausgerollt und in Öl herausgebacken zu einem Brot, das erstaunlich gut schmeckt, sowohl mit pikanten Currys als auch zu süßen Gerichten. Puri kann man mit jedem Curry essen, aber besonders gut schmeckt es mit Bateta nu Shaak (siehe Seite 65). Puri mit Masala Chai (siehe Seite 164) schmeckt gut zum Frühstück, das ich mir manchmal gönne, wenn ich nicht arbeite. Sie sollten nur darauf achten, dass man den Teig stärker kneten muss als für Chapati und dass das Öl sehr heiß ist, bevor man mit dem Frittieren beginnt. Man serviert Puri oft bei festlichen Anlässen wie Hochzeiten oder Festivals.

200 g Chapati-Mehl (indisches Vollkornmehl), plus extra zum Bestäuben
1/8 TL Salz
2 TL Sonnenblumenöl, plus extra zum Beträufeln und Frittieren
75 ml lauwarmes Wasser
Limbu nu Athanu (siehe Seite 148), Zum Servieren

ERGIBT 15 PURI

Mehl und Salz in eine Schüssel sieben, Öl zugeben und vorsichtig vermengen. Wasser nach und nach zugießen – wie viel man braucht, hängt vom verwendeten Mehl ab. Ein paar Minuten lang kneten, bis der Teig glatt und fest, aber nicht klebrig ist.

Teig leicht mit Öl beträufeln, mit einem sauberen Geschirrtuch abdecken und 15 Minuten ruhen lassen.

Teig in etwa 15 gleich große Stücke teilen und jedes zwischen den Handflächen zu einer Kugel rollen.

Arbeitsfläche leicht mit Mehl bestäuben. Eine Teigkugel auf die Fläche legen und vorsichtig mit einem Nudelholz weg vom Körper ausrollen. Teig mit den Fingern aufnehmen und um 90 Grad drehen, dann wieder ausrollen, bis eine Scheibe mit 10–12 cm Durchmesser entsteht. Sie muss nicht perfekt rund sein. Teigscheibe auf einen Teller legen.

Vorgang mit dem restlichen Teig wiederholen. Ausgerollte Puri auf einen Teller legen, aber darauf achten, dass sie einander nicht berühren.

Genügend Öl zum Frittieren in eine Pfanne mit schwerem Boden bei mittlerer Hitze erwärmen. Ein Stück Teig ins Öl legen, um zu überprüfen, ob es heiß genug ist; Wenn das Teigstück an die Oberfläche kommt, ist das Öl bereit.

Ausgerollte Puri vorsichtig ins heiße Öl gleiten lassen und frittieren, bis sie sich aufblähen. Vorsichtig wenden und auf der anderen Seite goldbraun braten. Wenn man einmal den Dreh heraushat, kann man auch mehrere Puri gleichzeitig frittieren.

Puri mit einem Schaumlöffel aus dem Öl nehmen und auf Küchenpapier abtropfen lassen. Vorgang wiederholen, bis alle Puri frittiert sind.

Heiß oder kalt servieren.

THIKKA THEPLA

KURKUMA-CHILI-FLADENBROT

(V) (NF)

Das ist das beliebteste Brot in unserem Restaurant! Thepla sind leicht gewürzte Fladenbrote aus weißem Mehl und einigen einfachen Gewürzen. Für die Zubereitung von Thepla sollte der Teig ziemlich weich sein und in einer heißen Tawa oder Bratpfanne geröstet werden. Während des Röstens Thepla ein wenig mit Öl beträufeln, damit sich kleine braune Flecken auf der Oberfläche bilden. Das bewirkt, dass das Fladenbrot weich bleibt. Thepla schmecken köstlich mit jedem Curry, aber sie sind auch ein großartiger Snack mit Masala Chai (siehe Seite 164). Manchmal genieße ich Thepla mit Limbu nu Athanu (siehe Seite 148) als schnellen Snack.

200 g Chapati-Mehl (indisches Vollkornmehl), plus extra zum Bestäuben
½ TL Salz
¼ TL Kurkuma, gemahlen
½ TL Ajowan-Samen
½ TL Chilipulver
2 EL Sonnenblumenöl, plus extra zum Beträufeln

ERGIBT 10 THEPLA

Alle trockenen Zutaten in einer Schüssel gut vermengen. Öl zugeben und verkneten. 100 ml Wasser nach und nach zugeben, bis der Teig glatt, aber nicht klebrig ist. Der Teig ist fertig, wenn er nach dem Druck mit den Fingern wieder zurückspringt.

Teig leicht mit Öl beträufeln, mit einem sauberen Geschirrtuch abdecken und 20 Minuten ruhen lassen.

Teig in etwa 10 gleich große Stücke teilen und diese zwischen den Handflächen zu Kugeln rollen.

Arbeitsfläche leicht mit Mehl bestäuben. Eine Teigkugel auf die Fläche legen, leicht zusammendrücken und mit einem Nudelholz vom Körper weg ausrollen. Teig mit den Fingern aufnehmen und um 90 Grad drehen, dann wieder ausrollen, bis eine .Scheibe mit 13–14 cm Durchmesser entsteht, die weder zu dick noch zu dünn ist. Teigplatte auf einen Teller legen. Vorgang mit restlichem Teig wiederholen. Beim Stapeln nicht vergessen, zwischen den Broten Backpapier aufzulegen.

Eine *Tawa* oder Bratpfanne bei niedriger Hitze einige Minuten erwärmen. Thepla in die heiße *Tawa* legen und 1 Minute auf einer Seite braten, bis kleine Blasen an den Rändern erscheinen. Thepla mithilfe einer Spatel wenden und auf der anderen Seite braten, bis wieder Blasen erscheinen.

Etwas Öl auf den Rändern der Thepla träufeln. Mit einer Spatel nach unten drücken, sodass das Aufblähen verhindert wird. Thepla wenden, wieder etwas Öl auf den Rändern verteilen und Thepla auf einen Teller legen. Vorgang mit den restlichen Thepla wiederholen.

BHAAT

REIS

(V) (GF) (NF)

Es gibt zahllose Rezepte, um Reis zu kochen, einige sind sehr kompliziert, andere weniger. Diese Methode ist so einfach wie nur möglich, und so kochen wir den Reis auch im Restaurant. Bei einer Gujarati-Mahlzeit wird fast immer Reis serviert.

250 g Basmati-Reis
3/4 TL Salz
1/2 TL Sonnenblumenöl

ERGIBT 4 PORTIONEN

Reis in eine große Schüssel geben. Mit lauwarmem Wasser bedecken und gut durchwaschen. Vorgang wiederholen, bis das Wasser klar abfließt – Waschen kann bis zu 6 oder 7 Mal nötig sein. Es ist wichtig, Reis gründlich zu waschen, um so viel Stärke wie möglich zu entfernen. Gewaschenen Reis mit frischem Wasser bedecken und mindestens 15 Minuten einweichen.

1 l Wasser in einen flachen Topf geben und bei starker Hitze erwärmen. Salz und Öl zugeben und das Wasser zum Kochen bringen. Reis zugeben und ohne Deckel 8 Minuten kochen. Einige Körner zwischen den Fingern zerdrücken, um zu überprüfen, ob der Reis gar ist. Wir ziehen es vor, wenn die Körner noch leicht fest sind – wenn man den Reis lieber weich isst, einfach etwas länger kochen.

Reis abgießen und servieren.

KHICHDI

EINFACHES REIS-LINSEN-GERICHT

(V) (GF) (NF)

Khichdi ist Comfort-Food, dem man heilende Kräfte zuschreibt, deshalb verabreicht man es oft Kranken. Es ist auch die erste feste Nahrung , die indische Babys zu essen bekommen, da es leicht verdaulich ist. Mit Khadi (siehe Seite 100) oder Chaas (siehe Seite 167) servieren.

100 g Tuvar Dal (gelbe Linsen/ getrocknete Straucherbsen)
300 g Basmati-Reis
1/2 EL Salz
1/2 TL Kurkuma, gemahlen
3 x 3 cm lange Zimtstangen
5–6 Gewürznelken
1 EL Ghee (oder Sonnenblumenöl für die vegane Version)

ERGIBT 4 PORTIONEN

Dal in eine Schüssel geben. Mit Wasser bedecken und gründlich durchwaschen. Vorgang 4 bis 5 Mal wiederholen. Gewaschene Dal mit frischem Wasser bedecken und 15 Minuten einweichen. Reis waschen, bis das Wasser klar abfließt, dann in einer Schüssel 15 Minuten in kaltem Wasser einweichen, dabei darauf achten, dass der Reis vollkommen unter Wasser ist.

2,5 l Wasser in einen Topf mit Deckel gießen. Deckel aufsetzen, auf den Herd stellen und bei starker Hitze Wasser zum Kochen bringen. Salz, Kurkuma, Zimtstangen, Gewürznelken und Ghee oder Öl zugeben.

Dal abgießen und in den Topf geben. Zudecken und 15 Minuten gar kochen. Eine Linse zwischen den Fingern zerdrücken, um zu überprüfen, ob sie gar ist; sie sollte sich leicht zerdrücken lassen. Kochzeiten können variieren, man muss sie an die Sorte anpassen.

Reis abgießen und zum Dal in den Topf geben. Zudecken und 10 Minuten kochen. Hitze abdrehen und ohne Deckel einige Minuten ruhen lassen.

MATAR BHAAT

GEMÜSEREIS

(V) (GF)

150 g Basmati-Reis
1 EL Ghee (oder Sonnenblumenöl für die vegane Variante)
1 TL Kreuzkümmelsamen
3 Lorbeerblätter
3 Gewürznelken
3 x 4 cm lange Zimtstangen
1 Karotte, geschält und gewürfelt
1 Kartoffel, geschält und gewürfelt
40 g frische Erbsen (aufgetaut, wenn tiefgefroren)
1 TL Salz
1 Prise Kurkuma, gemahlen
10–12 Sultaninen/gelbe Rosinen
15 Cashew -Nüsse

ERGIBT 4 PORTIONEN

Matar bhaat ist ein traditionelles Reisgericht mit Gewürzen, Karotten und natürlich Erbsen. Ich gebe auch Cashewkerne und Sultaninen dazu. Es schmeckt köstlich mit Khadi (siehe unten).

Reis waschen, bis das Wasser klar abfließt und dann in frischem Wasser 15 Minuten einweichen.

Ghee (oder Öl) in einem Topf bei mittlerer Hitze schmelzen lassen. Kreuzkümmelsamen zugeben und sobald sie aufspringen, Lorbeerblätter, Gewürznelken und Zimtstangen zugeben und kurz umrühren, um alles zu verbinden.

Karotten, Kartoffeln und Erbsen zugeben und 2 Minuten braten.

600 ml Wasser zugießen und zum Kochen bringen. Reis und restliche Zutaten zugeben. Einige Male vorsichtig umrühren, Topf zudecken und 10 Minuten kochen. Danach überprüfen, ob der Reis gar ist. Wenn nicht, 2 EL Wasser zugeben und ohne Deckel kochen, bis der Reis gar ist.

Diesen Reis kann man 2–3 Tage im Kühlschrank aufbewahren.

KHADI

KICHERERBSENMEHL-JOGHURT-SUPPE

(GF) (NF)

170 g Naturjoghurt (nicht ganz dicken Joghurt verwenden)
30 g Kichererbsenmehl
1 TL Salz
1 TL Zucker
1½ EL Ingwer-Knoblauchpaste (siehe Seite 14)
1 grüne Chilischote, zerdrückt
1 Handvoll frischer Koriander, gehackt, zum Garnieren

VAGAR (GEWÜRZÖL)

2 TL Ghee (oder Öl)
1 getrocknete rote Chilischoten
½ TL Kreuzkümmelsamen
¼ TL Bockshornkleesamen
3 Gewürznelken
12–15 Curryblätter
¼ TL Asafoetida

ERGIBT 2 PORTIONEN

Khadi ist eine würzige Gujarati-Joghurt-Suppe, die man mit Kichererbsenmehl eindickt. Sie schmeckt süß, sauer und pikant. Ein großartiges Comfort-Food an kalten Winterabenden, das am besten mit Reis oder Matar Bhaat (siehe oben) serviert wird.

Joghurt, Kichererbsenmehl, Salz, Zucker, Ingwer-Knoblauchpaste und grüne Chilischote in einer großen Schüssel vermengen. Langsam 500 ml Wasser zugeben und mit einem Schneebesen glatt rühren, bis keine Klumpen mehr vorhanden sind.

Ghee (oder Öl) in einer großen Pfanne schmelzen lassen. Getrocknete rote Chilischote im geschmolzenen Ghee 30–40 Sekunden anbraten und dann Kreuzkümmelsamen zugeben. Sobald diese aufspringen, restliche Zutaten zugeben und kurz umrühren, um alles zu verbinden.

Joghurt-Mischung ins heiße Ghee oder Öl geben und umrühren.

Auf niedrige Hitze reduzieren und 12–15 Minuten köcheln lassen, dabei ständig rühren, damit sich der Joghurt nicht zersetzt. Sollte die Mischung zu dick werden, etwas Wasser zugeben.

Vom Herd nehmen und mit Koriander garnieren.

GUJARATI DAL

LINSENSUPPE

(V) (GF) (NF)

Dieser Gujarati Dal ist einer meiner Favoriten und ich koche ihn mindestens einmal in der Woche. Lassen Sie sich von der Vielzahl der Zutaten nicht abschrecken, sie lassen die Suppe wunderbar duften. Probieren Sie es, denn Gujarati Dal unterscheidet sich sehr von anderen Dals. Es besitzt zwei kontrastierende Aromen – süß und sauer. Die Süße kommt vom Palmzucker und die Säure von *Kokum* (eine getrocknete Frucht vom indischen Butterbaum). Sollten Sie kein Kokum finden, verwenden Sie stattdessen Tamarindenpaste und adaptieren Sie das Gericht nach Geschmack. Es schmeckt köstlich mit jedem Curry, Reis und Rotli (siehe Seite 86).

100 g Tuvar dal (gelbe Linsen/ getrocknete Straucherbsen)
480 ml kochendes Wasser
1/8 TL Kurkuma, gemahlen
1/8 TL Salz
1 Handvoll frisch gehackter Koriander, zum Garnieren

MASALA-MISCHUNG

1 Stück Kokum (getrocknete Frucht des indischen Butterbaums)
3 cm großes Stück frischer Ingwer, geschält und gehackt
1/8 TL Kurkuma, gemahlen
1/2 TL Chilipulver
1/2 TL Koriander, gemahlen
1/2 TL Garam masala
1/2 TL Salz
1/2 EL Zucker
1/2 EL Palmzucker/Rohrohrzucker
120 ml gehackte Tomaten aus der Dose
2 EL Tomatenketchup
1 grüne Chilischote, längs halbiert

VAGAR (GEWÜRZÖL)

2 EL Sonnenblumenöl
1 getrocknete rote Chilischoten
2 Gewürznelken
1/2 TL Senfkörner
1/3 TL Bockshornkleesamen
1/4 TL Asafoetida

ERGIBT 4 PORTIONEN

Zuerst Masala-Mischung zubereiten. Kokum in eine kleine Schüssel geben und einen Spritzer Wasser zugeben. Kokum zerdrücken, dann in eine größere Schüssel geben. Restliche Zutaten der Masala-Mischung zugeben, gut vermengen und beiseitestellen.

Linsen in eine Schüssel geben und mit lauwarmem Wasser waschen. Abgießen und Vorgang mehrmals wiederholen, bis das Wasser klar abfließt. Gewaschene Linsen in einen Topf geben, mit kochendem Wasser übergießen, 30 Minuten einweichen und abgießen.

720 ml Wasser, die gewaschenen Linsen, Kurkuma und Salz in einem zweiten großen Topf bei starker Hitze zum Kochen bringen und bei mittlerer Hitze 30 Minuten köcheln lassen. Mit einem Metalllöffel sich bildenden Schaum abschöpfen. Linsen zwischen Daumen und Zeigefinger zerdrücken, um zu überprüfen, ob sie gar sind; das sollte leicht gehen, ansonsten noch etwas weiter köcheln.

Vom Herd nehmen und mit einem Handmixer nach Wunsch pürieren, entweder fein oder mit etwas Textur, und wieder auf den Herd stellen.

Danach Vagar zubereiten. Öl in einer kleinen Pfanne bei mittlerer Hitze 90 Sekunden erwärmen. Einige Senfkörner zugeben, um zu überprüfen, ob das Öl heiß genug ist; wenn sie zischen, ist es bereit. Chilischote, Gewürznelken, Senfkörner, Bockshornkleesamen und Asafoetida in einer kleinen Schüssel vermengen und ins heiße Öl geben. 2 Minuten ständig umrühren.

Vagar und Masala-Mischung zum Dal geben und unterrühren. 350 ml Wasser zugießen. Auf starke Hitze erhöhen und unter ständigem Rühren 5–6 Minuten kochen. Vom Herd nehmen und mit Koriander garnieren.

NASTO
SNACKS

JADI SEV

DICKE KICHERERBSEN-PFEFFER-NUDELN

(V) (GF) (NF)

Das ist ein köstlicher Snack, der nach mehr schmeckt. Man isst ihn während Diwali, ich genieße ihn jedoch das ganze Jahr über. Er besteht aus Kichererbsenmehl und Gewürzen – ich mag besonders die schwarzen Pfefferkörner in diesen Nudeln. Die mittelstarken, knusprigen Stränge werden mit einer Sancha-Maschine (siehe Seite 114) hergestellt und dann frittiert. Dieser Snack passt perfekt zu Masala Chai (siehe Seite 164).

250 g Kichererbsenmehl
1 TL Salz
1 TL Ajowan-Samen
¼ TL Kurkuma, gemahlen
1 TL Chilipulver
1 TL schwarze Pfefferkörner
Sonnenblumenöl, zum Frittieren

Eine Sancha-Maschine mit einer Platte mit mittelgroßem Loch, leicht mit Sonnenblumenöl befettet

ERGIBT 4 PORTIONEN

Mehl in eine Schüssel sieben, um Klumpen zu vermeiden. Mit dem Löffelrücken große Mehlklumpen durch das Sieb drücken. Das ist ein wichtiger Schritt, um für Sev die richtige Konsistenz zu erreichen. Salz, Ajowan-Samen, Kurkuma und rotes Chilipulver zum Mehl geben.

In einem Mörser schwarze Pfefferkörner fein zerstoßen und zum Mehl geben. Mit den Händen alle Zutaten langsam vermengen.

In der Mitte vom Mehl eine Grube machen. Langsam 120 ml Wasser nach und nach zugießen und ins Mehl einarbeiten. Masse weiter mit kreisförmigen Bewegungen bearbeiten,bis eine weiche, glatte Textur entsteht.

Eine Pfanne mit schwerem Boden bei mittlerer Hitze erwärmen und genug Sonnenblumenöl zum Frittieren zugießen.

Einen Spritzer Öl in die Sancha-Maschine geben und die Kammer und den Oberteil befetten. Masse in die Kammer der Maschine geben, dabei ein wenig Teig beiseitestellen.

Ein kleines Stück Teig ins Öl geben, um zu überprüfen, ob es heiß genug ist; wenn der Teig nach oben steigt, ist das Öl bereit.

Beginnend am vom Körper entfernten Pfannenrand den Handgriff der Sancha-Maschine drehen, sodass die Nudeln ins heiße Öl fallen. Maschine rund um den Rand der Pfanne führen, währenddessen den Handgriff drehen. Beim Ausgangspunkt angekommen, Maschine ohne zu stoppen nach innen bewegen und eine weitere Runde um die Pfanne ausführen.

Sev 15 Sekunden frittieren, dann leicht ins Öl drücken. Mit einer Gabel in jeder Hand Sev langsam nach oben und aus dem Öl heben, dann vorsichtig wieder eintauchen. So kleben die Nudeln nicht aneinander und werden gleichmäßig gar.

Sobald die Nudeln goldbraun sind, aus dem Öl nehmen, wenden und auf der anderen Seite goldbraun frittieren, dabei die Nudeln immer wieder leicht ins Öl drücken.

Sobald die Nudeln fertig sind, aus dem Öl nehmen und auf Küchenpapier abtropfen lassen. Vorgang mit dem restlichen Teig wiederholen und die frittierten Nudeln aufeinander schichten. Auskühlen lassen.

Die Nudeln kann man in einem luftdicht verschließbaren Behälter bis zu 6 Monate aufbewahren.

SEV

DÜNNE KICHERERBSEN-NUDELN

(V) (GF) (NF)

Sev sind knusprige Nudeln aus Kichererbsenmehl, die man allein essen kann, aber sie werden auch oft in indischen Streetfood-Gerichten wie Sev Mamra (siehe gegenüberliegende Seite) verwendet. Dieses Rezept benötigt eine Sancha-Maschine, eine Nudelmaschine mit einer Metallkammer und unterschiedlichen Platten für verschiedene indische Snacks. Hier sollte man die kleinste Platte verwenden. Man gibt den glatten Teig in die Sancha-Maschine und presst ihn in dünnen Strängen oder Nudeln ins heiße Öl, wo sie zu einem knusprigen Snack frittiert werden.

250 g Kichererbsenmehl
1 TL Salz
¼ TL Kurkuma, gemahlen
Sonnenblumenöl, zum Frittieren

Eine Sancha-Maschine mit einer Platte mit kleinem Loch, leicht mit Sonnenblumenöl befettet

ERGIBT 4 PORTIONEN

Mehl in eine Schüssel sieben, um Klumpen zu vermeiden. Mit dem Löffelrücken große Mehlklumpen durch das Sieb drücken. Das ist ein wichtiger Schritt, um für Sev die richtige Konsistenz zu erreichen. Salz und Kurkuma zum Mehl geben. Mit den Händen alle Zutaten langsam vermengen.

In der Mitte vom Mehl eine Grube machen. Langsam 120 ml Wasser nach und nach zugießen und ins Mehl einarbeiten. Teig 10 Minuten kneten, bis eine weiche, glatte Textur entsteht. Der Teig sollte weder zu weich noch zu hart sein.

Eine Pfanne mit schwerem Boden bei mittlerer Hitze erwärmen und genug Sonnenblumenöl zum Frittieren zugießen. Einen Spritzer Öl in die Sancha-Maschine geben und die Kammer und den Oberteil befetten. Masse in die Kammer der Maschine geben, dabei ein wenig Teig beiseitestellen.

Ein kleines Stück Teig in Öl geben, um zu überprüfen, ob es heiß genug ist; wenn der Teig nach oben steigt, ist das Öl bereit.

Beginnend am vom Körper entfernten Pfannenrand den Handgriff der Sancha-Maschine drehen, sodass die Nudeln in das heiße Öl fallen. Maschine rund um den Rand der Pfanne führen, währenddessen den Handgriff drehen. Beim Ausgangspunkt angekommen, Maschine ohne zu stoppen nach innen bewegen und eine weitere Runde um die Pfanne ausführen.

Sev 15 Sekunden frittieren, dann leicht ins Öl drücken. Mit einer Gabel in jeder Hand Sev langsam nach oben und aus dem Öl heben, dann vorsichtig wieder eintauchen. So kleben die Nudeln nicht aneinander und werden gleichmäßig gar.

Sobald die Nudeln goldbraun sind, aus dem Öl nehmen, wenden und auf der anderen Seite goldbraun frittieren, dabei die Nudeln immer wieder leicht ins Öl drücken.

Sobald die Nudeln fertig sind, aus dem Öl nehmen und auf Küchenpapier abtropfen lassen. Vorgang mit dem restlichen Teig wiederholen und die frittierten Nudeln aufeinander schichten. Vollständig auskühlen lassen.

Die Nudeln kann man in einem luftdicht verschließbaren Behälter bis zu 6 Monate aufbewahren.

SEV MAMRA

PUFFREIS & KNUSPRIGE NUDELN

(V) (GF)

Ein großartiger Snack aus Puffreis und knusprigen Nudeln, der ganz oben auf der Köstlichkeitsskala steht. Im Grunde gibt es zwei Hauptteile. *Sev* (dünne Kichererbsen-Nudeln) und *Mamra* (Puffreis) werden mit Gewürzen kombiniert, um einen knusprigen Snack zu schaffen, der sowohl pikant als auch süß ist. Ich mache meist große Portionen, was nicht allzu viel Aufwand bedeutet. Sev mamra ist ein großartiger Snack zum Tee oder für unterwegs. Es ist auch eine Hauptzutat für Bhel (siehe Seite 129) und schmeckt köstlich mit Masala Chai (siehe Seite 164).

500 g Puffreis
200 g Erdnüsse
60 ml Sonnenblumenöl
1 EL Kreuzkümmelsamen
½ TL Asafoetida
15–20 Curryblätter
1 TL Kurkuma, gemahlen
2 TL Chilipulver
2 TL Salz
2 EL Puderzucker
200 g Sev (siehe gegenüberliegende Seite)

ERGIBT ETWA 950 G

Eine große Pfanne bei mittlerer Hitze erwärmen. Nach 2 Minuten Puffreis in die trockene Pfanne geben und unter ständigem Rühren rösten, damit sich der Puffreis nicht am Pfannenboden anlegt. Rühren, bis der Reis goldbraun und knusprig ist. Herd abschalten und Puffreis auskühlen lassen.

Öl in einer Pfanne bei starker Hitze 2–3 Minuten erwärmen. Erdnüsse zugeben, auf niedrige Hitze reduzieren und die Nüsse unter gelegentlichem Rühren 2–3 Minuten sanft rösten, bis sie eine dunkelbraune Farbe annehmen. Erdnüsse aus dem Öl nehmen und auf einem sauberen Tuch auskühlen lassen.

In derselben Pfanne und im selben Öl Kreuzkümmelsamen rösten und sobald sie aufspringen, Asafoetida, Curryblätter und Kurkuma einrühren und dann alles sofort zum Puffreis geben. Alles vermengen, dann Chilipulver, Salz und Erdnüsse unterrühren.

Ein Sieb über den Puffreis halten, Puderzucker in das Sieb geben und über den Reis sieben.

Sev in die Pfanne geben und mit beiden Händen alle Zutaten vorsichtig vermengen. Vollständig auskühlen lassen.

Die Sev mamra kann man in einem luftdicht verschließbaren Behälter bis zu 3 Monate aufbewahren.

ANMERKUNG: *Puffreis kann man leicht kaufen, aber manchmal trockne ich gekochten Reis und bewahre ihn in einem Glas auf. Das geht ganz leicht, man breitet gekochten Reis auf einem Tablett auf und stellt dieses neben den Heizkörper. Den getrockneten Reis, der sehr hart wird, brate ich ab, bevor ich ihn in diesem Rezept verwende.*

CHAKRI

PIKANT-KNUSPRIGE SCHNECKEN

(NF)

Dieser spiralförmige pikante Snack – knusprig, knackig und in Indien unglaublich beliebt – besteht aus Reismehl, Kartoffeln und Gewürzen. Für die Spiralen braucht man eine Sancha-Maschine – eine große zylindrische Spritzmaschine mit einem langen, rotierenden Griff und Platten mit unterschiedlichen Formen, mit der man verschiedene indische Snacks herstellt. Man bekommt sie online oder in größeren Asialäden.

100 g Reismehl
70 g zerstampfte Kartoffeln (mit der Schale gekocht, dann geschält und zerstampft)
1 EL geschmolzene Butter
1 TL Salz
1 Prise Ajowan-Samen
1 TL Sesamkörner
2 EL Ingwer-Knoblauchpaste (siehe Seite 14)
25 g Grieß
Sonnenblumenöl, zum Frittieren

Eine Sancha-Maschine mit einer Platte mit sternenförmigem Loch, leicht mit Sonnenblumenöl befettet

ERGIBT ETWA 20 CHAKRI

Reismehl, zerstampfte Kartoffeln, Butter, Salz, Ajowan-Samen, Sesamkörner und Ingwer-Knoblauchpaste in einer Rührschüssel gut vermengen, bis alles verbunden ist. Beiseitestellen.

Pfanne bei niedriger Hitze erwärmen und dann Grieß zugeben und trocken rösten, bis er goldbraun ist, dabei die Pfanne hin und wieder schütteln. 70 ml Wasser zugießen und ständig umrühren, bis der Grieß das Wasser aufgesaugt hat – wenn etwas Wasser zurückbleibt ist das in Ordnung. Grieß vom Herd nehmen und auskühlen lassen.

Sobald er so weit ausgekühlt ist, dass man ihn angreifen kann, Grieß zu den anderen Zutaten in die Schüssel geben. Vorsichtig vermengen und 1 Minute zu einem ziemlich groben Teig verkneten. Mit einem sauberen Geschirrtuch abdecken und 30 Minuten ruhen lassen.

Einen Spritzer Öl in die Sancha-Maschine geben und die Kammer und den Oberteil befetten. Hände befeuchten, Teig kurz durchkneten und in die Sancha-Maschine geben. Deckel fest verschließen.

Chakri-Schnecken auf eine saubere Arbeitsplatte spritzen – von der Mitte beginnend langsam nach außen arbeiten, dabei sich nicht damit aufhalten, die perfekten Spiralen herzustellen; sie schmecken köstlich, egal wie sie aussehen. Jede Schnecke sollte etwa 6–7 cm Durchmesser haben. Aber auch die Größe ist nicht so wichtig. Nach der gewünschten Länge Teig von der Maschine abbrechen und das Ende in die Seite der Chakri drücken, um die Spirale zu beenden. Das ist ein wichtiger Schritt, denn er verhindert das Zerbrechen beim Frittieren.

Eine Pfanne mit schwerem Boden bei mittlerer Hitze erwärmen. Genug Sonnenblumenöl zum Frittieren zugießen. Ein kleines Stück Teig in Öl geben, um zu überprüfen, ob es heiß genug ist; wenn es nach oben steigt, ist das Öl bereit.

Auf niedrige Hitze reduzieren. Mit einer Spatel (nicht mit den Händen) Chakri vorsichtig von der Arbeitsfläche heben und langsam ins heiße Öl gleiten lassen. Nur wenige Chakri gleichzeitig frittieren, sonst zerbrechen sie in der Pfanne. Chakri einige Minuten goldbraun frittieren, dann vorsichtig wenden und die andere Seite bräunen. Wenn beide Seiten gleichmäßig gebräunt sind, Chakri aus dem Öl heben und auf Küchenpapier abtropfen lassen. Vollständig auskühlen lassen, dabei werden sie knusprig.

Die Chakri kann man in einem luftdicht verschließbaren Behälter bis zu 6 Monate aufbewahren.

GATHIYA

PIKANTE GUJARATI-NUDELN

(V) (GF) (NF)

Gathiya ist ein unglaublich populärer und beliebter Snack in Gujarat. Zwar nimmt die Zubereitung des Teiges einige Zeit in Anspruch, doch das Frittieren der Gathiya geht schnell und einfach, man muss nur achtgeben, dass der Teig vor dem Frittieren weich und glatt ist. Wegen des stressigen Lebensstils sehe ich, dass immer mehr Menschen sich gekauften Snacks zuwenden, statt sie zu Hause herzustellen, aber die Anstrengung ist es allemal wert! Diese dicken Nudeln kann man zu jeder Tageszeit essen, auch zum Frühstück. Sie schmecken köstlich mit Lili-Chutney (siehe Seite 147), Sambharo (siehe Seite 139) und Masala Chai (siehe Seite 164).

500 g Kichererbsenmehl
½ TL Ajowan-Samen
2 TL schwarze Pfefferkörner, im Mörser zerstoßen
1 TL Salz
2 TL Natron/Backpulver
120 ml Sonnenblumenöl, plus extra zum Frittieren
¼ TL Asafoetida

Ein Gathiya Jaro (ein flaches Metallwerkzeug, ähnlich einer Pfanne mit vielen sternförmigen Aussparungen) oder eine Sancha-Maschine

ERGIBT ETWA 600 G

Mehl in eine Schüssel sieben, dabei mit einem Löffelrücken die größeren Klumpen durchdrücken. Ajowan-Samen und zerstoßenen schwarzen Pfeffer mit dem Mehl vermengen und beiseitestellen.

Einen Topf bei niedriger Hitze erwärmen, dann Salz und Natron zugeben. 3 Minuten trocken rösten, dabei mit einer Spatel ständig umrühren, dann den Topf vom Herd nehmen.

Langsam und vorsichtig 240 ml kaltes Wasser zugießen – am besten über dem Spülbecken, denn die Masse wird dabei zu spritzen beginnen. Verrühren und zum Auskühlen einige Minuten beiseitestellen.

Öl und Asafoetida in den Topf geben und mit einem Handmixer 30 Sekunden verquirlen, bis die Masse zu schäumen beginnt.

Mischung in die Schüssel mit dem Mehl geben und langsam vermengen. Mischung so lange bearbeiten, bis ein weicher, glatter Teig ohne Klumpen entsteht.

Eine große flache Pfanne bei niedriger Hitze erwärmen und genug Sonnenblumenöl zum Frittieren eingießen. Ein kleines Stück Teig in Öl geben, um zu überprüfen, ob es heiß genug ist; wenn es nach oben steigt, ist das Öl bereit.

Jaro auf der Pfanne über dem heißen Öl aufsetzen. Teig kurz durchkneten, dann ein großes Stück auf den Jaro legen und den Teig durch die Löcher drücken, sodass die Stränge ins heiße Öl fallen. Mit den Handballen in langen Vor- und Rückwärtsbewegungen arbeiten, damit die Gathiya lang werden.

Gathiya etwa 3–4 Minuten vorsichtig frittieren, dabei mit einem Schaumlöffel immer wieder wenden, bis sie gleichmäßig gar und hell goldbraun sind. Gathiya herausnehmen und auf Küchenpapier abtropfen lassen.

Jaro von der heißen Pfanne nehmen, mit kaltem Wasser befeuchten und wieder zurück über das heiße Öl setzen. Vorgang mit dem restlichen Teig wiederholen. Vollständig auskühlen lassen.

Die Gathiya kann man in einem luftdicht verschließbaren Behälter bis zu 3-4 Monate aufbewahren.

ZUBEREITUNG VON GATHIYA

Ich verwende einen Jaro, um die Gathiya herzustellen. Das ist ein flaches Metallwerkzeug, ähnlich einer Pfanne mit vielen sternförmigen Aussparungen im Boden. Der Gathiya-Teig wird durch die Löcher gedrückt, um die Stränge diese beliebten Snacks zu erzeugen, die dann ins heiße Öl darunter fallen und frittiert werden. Man kann denselben Effekt auch mit einem groben Küchensieb erreichen.

FARSI PURI

FRITTIERTES KNUSPRIGES FLADENBROT

(V) (NF)

Farsi Puri sind knusprige, flockig frittierte Brote. Guajaratis lieben sie und jeder Haushalt wird während Diwali einen Container voll zu Hause haben. Als wir Snacks über unsere Website verkauften, standen sie auf dem Menüplan und die Leute liebten sie! Genießen Sie sie als Snack mit Masala Chai (siehe Seite 164).

200 g Mehl
1 TL frisch gemahlener schwarzer Pfeffer
½ TL Salz
½ TL braune oder weiße Sesamkörner
50 ml/3½ EL geschmolzene Butter (oder Sonnenblumenöl für die vegane Variante)

ERGIBT ETWA 20 PURI

Mehl, schwarzen Pfeffer, Salz und Sesamkörner in einer Schüssel vermengen. Geschmolzene Butter zugeben, vorsichtig zu einem Teig verkneten. 50 ml Wasser nach und nach zugießen und einarbeiten, bis der Teig glatt, aber fest ist. Mit einem sauberen Geschirrtuch abdecken und 30 Minuten ruhen lassen.

Hände befeuchten und Teig 30 Sekunden kneten – er sollte immer noch ziemlich fest sein. Teig zu 20 gleich großen, etwa 15 g schweren Kugeln rollen.

Eine saubere Arbeitsplatte mit einem Spritzer Öl befetten und die Kugeln zu Scheiben mit 10 cm Duchmesser ausrollen. Mit einem Messer 7 oder 8 kleine Schlitze in die Puri schneiden – das verhindert, dass sich die Puri beim Frittieren aufblähen. Bis zum Frittieren auf einen Teller legen.

Eine große flache Pfanne bei niedriger Hitze erwärmen und genug Sonnenblumenöl zum Frittieren eingießen. Ein kleines Stück Teig in Öl geben, um zu überprüfen, ob es heiß genug ist; wenn der Teig nach oben steigt, ist das Öl bereit. Auf mittlere Hitze reduzieren.

Einige Puri ins heiße Öl gleiten lassen. Sie werden langsam an die Oberfläche steigen. Puri zurück ins Öl drücken und 1 Minute frittieren, dann wenden und 1 Minute auf der andere Seite frittieren, dabei Puri wieder ins Öl drücken, danach wieder wenden, bis alle Puri hell goldbraun sind. Aus dem Öl nehmen und auf Küchenpapier abtropfen lassen.

Die Puri kann man in einem luftdicht verschließbaren Behälter bis zu 6 Monate aufbewahren.

ANMERKUNGEN: *Wenn Sie die vegane Variante vorziehen, ersetzen Sie die Butter mit Sonnenblumenöl; nur achtgeben, dass der Teig die richtige Konsistenz hat.*

Bereiten Sie mit diesem Rezept auch Papdi Chaat (siehe Seite 126) zu; machen Sie die Puri nur kleiner als in diesem Rezept (etwa je 5 cm).

CHAAT
STREETFOOD

MASALA MISRANA

STREETFOOD-MASALA-MISCHUNG

(V) (GF) (NF)

Die meisten Gujarati Streetfood-Gerichte haben eine Masala-Kichererbsen-Kartoffel-Basis. Ich bereite dieses einfache Basis-Rezept für meine Chaat-Gerichte im Voraus zu, so wie auch verschiedene Chutneys, und stelle alles erst knapp vor dem Servieren zusammen.

1 große Kartoffel
200 g Kichererbsen aus der Dose
¼ TL Chilipulver
½ TL Salz
½ TL Chaat Masala
½ TL Koriander, gemahlen
1 TL Kreuzkümmel, gemahlen
½ TL Zitronensaft, frisch gepresst

ERGIBT ETWA 250 G

Die ungeschälte Kartoffel in einem Topf mit Salzwasser etwa 10 Minuten weich kochen. Kartoffel aus dem Topf nehmen, auskühlen lassen und schälen.

Kartoffel klein würfeln (keine Rücksicht auf Form und Größe nehmen) und in eine Schüssel geben. Restliche Zutaten zugeben und gut vermengen.

Man kann die Masala-Mischung in einem luftdicht verschließbaren Behälter bis zu 3 Tage aufbewahren. Die Verwendung erfolgt nach den Anleitungen in den Snack-Rezepten dieses Kapitels.

PANI PURI

GEPUFFTE PURI GEFÜLLT MIT MASALA-MISCHUNG & TAMARINDEN-WASSER

(V) (NF)

Dies ist eines der berühmtesten Streetfood-Gerichte Indiens, das man im ganzen Land isst. Bei den besten Streetfood-Verkäufern stehen lange Schlangen. Wenn Sie in Indien sind und Pani Puri essen wollen, stellen Sie sich bei der längsten Schlange an.

5 EL Amli-Chutney (siehe Seite 147)
16 gekauft Puri
60 g Masala Misrana (siehe oben)
1 Handvoll Sev (siehe Seite 110)
Frische Korianderblätter, gehackt, zum Garnieren
Granatapfelkerne, zum Garnieren

ERGIBT 4 PORTIONEN

Für das *Pani* (Tamarinden-Wasser) 2 EL Amli-Chutney in einer Schüssel in 4 EL Wasser auflösen. Beiseitestellen.

Vorsichtig ein wenig vom Oberteil jedes Puri entfernen, um ein Loch zu machen. Dieses mit etwas Masala Misrana, gefolgt von einem Klecks des restlichen Amli-Chutney füllen. 1 Prise Sev in jedes Puri streuen und mit gehacktem Koriander und Granatapfelkerne garnieren.

Knapp vor dem Essen ein wenig vom restlichen *Pani* (Tamarinden-Wasser) in die Puri gießen, das ganze Ding auf einmal in den Mund nehmen.

ANMERKUNG: *Dieses Streetfood kennt man auch als* Gol Gapa, Puchka *und* Pakoda.

Wir verwenden immer gekaufte Puri für dieses Rezept, denn zum Füllen müssen sie knusprig sein.

SAMOSA CHAAT

SAMOSA-KICHERERBSEN & CHUTNEY CHAAT

(NF)

- 8 Samosas (siehe Seite 42), in große Stücke gebrochen
- 8 EL Masala Misrana (siehe Seite 122)
- 8 Farsi Puri (siehe Seite 118), in Stücke gebrochen
- 4 EL Amli-Chutney (siehe Seite 147)
- 4 EL Lal-Chutney (siehe Seite 140)
- 2 EL Lili-Chutney (siehe Seite 147)
- 4 EL Mithu Dahi (siehe Seite 136)
- 1 Handvoll Sev (siehe Seite 110)
- 1 Handvoll frischer Koriander, gehackt
- 1 Handvoll Granatapfelkerne

ERGIBT 4 PORTIONEN

Dieser Streetfood-Chaat ist eine Geschmacksbombe – das perfekte Gericht für eine Party. Die verschiedenen Elemente kann man im Voraus zubereiten und kalt servieren. Im Manju's bringen wir Samosa Chaat im Martiniglas, sodass man die verschiedenen Schichten Chutney sieht. Es wird auch am häufigsten fotografiert.

Samosa-Stücke auf vier Martinigläser aufteilen. In jedes Glas (oder flaches Schüsselchen) 2 EL Masala Misrana geben und mit Farsi Puri-Stücken bestreuen.

Je 1 EL der drei Chutneys und Mithu Dahi in jedes Glas geben, um das Gericht so bunt wie möglich aussehen zu lassen.

Jedes Glas gleichmäßig mit Sev bestreuen, und dann mit gehacktem Koriander und Granatapfelkernen garnieren.

Sofort verspeisen, solange die Puri- und Samosa-Stückchen noch knusprig sind; wenn man sie zu lange stehen lässt, werden sie weich.

TIPPS: *Eventuelle Teigreste von der Zubereitung der Samosas (siehe Seite 42) goldbraun frittieren und diesem Gericht für extra Knusprigkeit zugeben.*

Teilfrittierte und tiefgefrorene Samosas muss man vorab auftauen und ganz heiß frittieren, bevor man sie in diesem Gericht verwendet.

PAPDI CHAAT

KNUSPRIGE-CRACKER-CHAAT

(NF)

- 16 Papdi (gekauft oder siehe Tipp:)
- 6 EL Masala Misrana (siehe Seite 122)
- 6 EL Mithu Dahi (siehe Seite 136)
- 5 EL Amli-Chutney (siehe Seite 147)
- 4 EL Lal-Chutney (siehe Seite 140)
- 3 EL Lili-Chutney (siehe Seite 147)
- 1 Handvoll Sev (siehe Seite 110)
- 1 Handvoll frischer Korianderblätter, abgezupft
- 1 Handvoll Granatapfelkerne

ERGIBT 4 PORTIONEN

Papdi Chaat ist ein sehr berühmtes Streetfood. Die Geschmäcker sind erstaunlich – süß, sauer und pikant – und wegen der kleinen Größe sind sie die perfekten Canapés.

Papdi auf ein großes Tablett legen. Mit einem Teelöffel eine kleine Menge Masala Misrana auf jedes Papdi geben und darauf ein wenig Mithu Dahi.

Papdi mit je einem kleinen Klecks der drei Chutneys verzieren und 1 Prise Sev darüberstreuen. Zum Schluss mit gehacktem Koriander und Granatapfelkernen garnieren.

Sofort verzehren, solange die Papdi noch knusprig sind; wenn man sie zu lange stehen lässt, werden sie weich.

TIPP: *Wenn Sie die Papdi selbst machen, statt zu kaufen, dem Rezept für Farsi Puri folgen (siehe Seite 118), dabei jedoch jedes Puri auf 5 statt 10 cm groß ausrollen.*

BHEL

PUFFREIS, KICHERERBSEN & CHUTNEY CHAAT

(V)

Obwohl Bhel eigentlich aus Mumbai stammt, wird es überall in Indien geliebt und gegessen. Es gibt viele Variationen dieses herben, pikanten und knusprigen Gerichts, deshalb lassen Sie sich einfach inspirieren und adaptieren Sie das Rezept nach Geschmack.

PANI (TAMARINDEN-WASSER)

8 EL Amli-Chutney (siehe Seite 147)

BHEL

100 g Sev Mamra (siehe Seite 111)
12 EL Masala Misrana (siehe Seite 122)
12 Farsi Puri (siehe Seite 118)
4 EL Amli-Chutney (siehe Seite 147)
4 EL Lal-Chutney (siehe Seite 140)
2 EL Lili-Chutney (siehe Seite 147)
1 Handvoll Sev (siehe Seite 110)
1 rote Zwiebel, gewürfelt
2 rote Tomaten, gewürfelt
1 kleine grüne (unreife) Mango, geschält und gewürfelt
1 grüne Chilischote, gehackt
½ TL Chaat Masala (optional)
1 Handvoll frischer Koriander, gehackt
1 Handvoll Granatapfelkerne

ERGIBT 4 PORTIONEN

Für das *Pani* (Tamarinden-Wasser) Amli-Chutney in einer Schüssel in 8 EL Wasser auflösen. Beiseitestellen.

Als nächstes Bhel zubereiten. Sev Mamra und Masala Misrana in einer Schüssel vermengen. Puri in die Schüssel brechen, dann Tamarinden-Wasser und alle drei Chutneys zugeben. Alles gründlich verrühren.

Bhel auf vier Schüsseln aufteilen. Mit Sev, roten Zwiebeln, Tomaten, Mango und Chilli bestreuen. Wenn gewünscht, etwas Chaat Masala über jede Schüssel streuen. Zuletzt mit gehacktem Koriander und Granatapfelkernen garnieren.

Sofort verspeisen, solange die Puri- und Samosa-Stückchen noch knusprig sind; wenn man sie zu lange stehen lässt, werden sie weich.

DAHI VADA

LINSEN-BEIGNETS MIT JOGHURT ÜBERZOGEN

(GF) (NF)

Das ist ein angenehmes Gericht für einen warmen Sommertag. Kühlendes *Dahi* (Joghurt) und *Vada* (Linsen-Beignets) passen perfekt zusammen. Das weiche, pikant-süße Dahi Vada ist eine Kombination all meiner Lieblingsaromen und Texturen. Die Beignets werden mit cremigem Joghurt überzogen und mit süßen und pikanten Chutneys vervollständigt. Sie sind eine perfekte Vorspeise für einen Hauptgang oder ein Mittagessen.

250 g Urdbohnen (ohne Schale)
2 grüne Chilischoten
15 g frischer Ingwer
1½ TL Salz, plus extra für das Joghurt
Sonnenblumenöl, zum Frittieren
600 g Naturjoghurt
2 EL Milch
Amli-Chutney (siehe Seite 147)
Lili-Chutney (siehe Seite 147)

ZUM SERVIEREN
Kreuzkümmel, gemahlen
Chilipulver
Granatapfelkerne (optional)
Frischer Koriander, gehackt

ERGIBT ETWA 40 BEIGNETS

Urdbohnen in eine große Schüssel geben und mehrere Male durchwaschen, bis das Wasser klar abfließt. 700 ml frisches, kaltes Wasser über die Bohnen gießen, sodass sie vollständig bedeckt sind, und mindestens 4 Stunden, oder besser über Nacht einweichen.

Bohnen abgießen, Einweichwasser entfernen und in einen Mixer geben. Chilis, Ingwer und Salz zugeben und zu einer weichen Paste pürieren. Wenn nötig, einen Spritzer Wasser zugießen; nicht übertreiben, die Paste sollte eher zäh als flüssig sein. Sollte zu viel Wasser sein, mit 1 Prise Reismehl eindicken.

Genügend Öl zum Frittieren in einer Pfanne mit schwerem Boden bei mittlerer Hitze erwärmen. Einige Tropfen der Masse ins Öl geben, um zu überprüfen, ob es heiß genug ist; Wenn sie an die Oberfläche steigen, ist das Öl bereit.

Je 1 EL der Masse vorsichtig ins Öl gleiten lassen. Mit einem Schöpflöffel Vada sachte im Öl bewegen, dabei immer wieder wenden und achtgeben, dass sie nicht aneinander kleben. 3–4 Minuten goldbraun frittieren. Vada aus dem Öl nehmen und auf Küchenpapier abtropfen lassen.

Vada weiter portionsweise frittieren, bis die ganze Masse aufgebraucht ist.

Wasser in einem Topf zum Kochen bringen. Herd abschalten und Vada ins heiße Wasser legen und 30 Minuten quellen lassen.

Vada aus dem Topf nehmen und jedes Stück leicht drücken, um überschüssiges Wasser zu entfernen.

Joghurt und ⅛ TL Salz in einer Schüssel vorsichtig verquirlen.

Milch auf den Boden einer Backform träufeln und Vada hineinsetzen. Mit Joghurt übergießen, sodass alle so gut wie möglich damit bedeckt sind. Zum Schluss eine großzügige Portion Chutney darauf verteilen.

Mit Kreuzkümmel, Chilipulver, Granatapfelkernen, wenn gewünscht, und gehacktem Koriander garnieren.

Kalt servieren. Man kann Dahi Vada bis zu 2 Tage im Kühlschrank aufbewahren.

ANMERKUNG: *Diese Gericht benötigt etwas Vorausplanung, da man die Urdbohnen einweichen muss. Ich lasse sie über Nacht quellen, man sollte sie jedoch mindestens 4 Stunden einweichen, da die Urdbohnen sehr hart sind.*

VADA PAV

KARTOFFEL-BEIGNETS IM BRÖTCHEN MIT CHUTNEY

(V)

Der König des indischen Streetfood! Ein schneller Burger für zwischendurch, der vor Ihnen auf den Seitenstraßen von Indien zubereitet wird. Ein *Vada* (pikanter Kartoffel-Beignet) wird mit Chutneys in ein *Pav* (weiches Brötchen) wie bei einem Sandwich eingelegt! Man gibt gebratene *Bhundi* (Kichererbsenperlen) und grüne Chilischoten dazu, aber diese sind optionale Extras.

NUSS-CHUTNEY

1¼ EL ungesalzene Erdnüsse, ohne Haut
½ TL Sonnenblumenöl
4 Knoblauchzehen
1 kleine Prise Salz
1 EL Kashmir-Chili/ Chilipulver

VADA

1 große Kartoffel
1 TL Salz
½ TL Chilipulver
1 TL Garam masala
1 TL Ingwer, Knoblauch-Chilipaste (siehe Seite 14)
1½ EL Zucker
1 EL Zitronensaft, frisch gepresst
1 Handvoll frische Koriander-blätter

TEIG

50 g Kichererbsenmehl
2 EL Maismehl/Maisstärke
1 Prise Salz
¼ TL Zitronensaft, frisch gepresst
Sonnenblumenöl, zum Frittieren

ZUM SERVIEREN

4 grüne Chilischoten, längs halbiert, wenn sie groß sind
4 weiche Weißbrotbrötchen
4 TL Lili-Chutney (siehe Seite 147)
4 TL Amli-Chutney (siehe Seite 147)

ERGIBT 4 PORTIONEN

Zuerst Nuss-Chutney zubereiten. Erdnüsse in einer trockenen Pfanne bei niedriger Hitze leicht anrösten. Öl und Knoblauch zugeben und etwa 3–4 Minuten goldbraun braten. Pfanne vom Herd nehmen und auskühlen lassen. Geröstete Nüsse und Knoblauch in einem Mixer mit Salz und Kashmir-Chili kurz grob hacken. Beiseitestellen.

Vada zubereiten. Kartoffel mit Schale in Salzwasser weich kochen, herausnehmen und auskühlen lassen. Danach Kartoffel schälen und in eine Schüssel reiben. Restliche Zutaten für die Vada zugeben und verrühren, bis die Kartoffel zerdrückt und alles gut vermengt ist.

Einige Tropfen Öl auf den Handflächen verteilen und die Kartoffelmischung zu 4 gleich großen Kugeln rollen und auf einen Teller legen.

Für den Teig Kichererbsen- und Maismehl in eine Schüssel sieben. Salz und Zitronensaft zugeben und langsam vermengen, dabei nach und nach etwas Wasser zugießen – etwa 60 ml. Weiter rühren, bis der Teig glatt und ohne Klumpen ist. Er sollte nicht zu flüssig sein, aber dick genug, um einen Löffelrücken zu überziehen. Beiseitestellen.

Genügend Öl zum Frittieren in einer Pfanne mit schwerem Boden bei starker Hitze 2 Minuten erwärmen. Ein wenig Teig ins Öl geben, um zu überprüfen, ob es heiß genug ist; wenn der Teig an die Oberfläche steigt, ist das Öl bereit.

Auf mittlere Hitze reduzieren. Vada im Teig rollen, dabei achtgeben, dass sie vollständig damit überzogen sind. Überschüssigen Teig abschütteln und Vada vorsichtig ins heiße Öl gleiten lassen.

Mit einem Schöpflöffel Vada sachte im Öl bewegen, dabei immer wieder wenden und achtgeben, dass sie nicht aneinander kleben. 3–4 Minuten goldbraun frittieren. Vada aus dem Öl nehmen und auf Küchenpapier abtropfen lassen. Vada weiter portionsweise frittieren, bis die ganze Masse aufgebraucht ist.

Für die *Bhundi* ein Sieb über das heiße Öl halten und restlichen Teig mit einem Löffel durch die Löcher drücken. Teigtropfen unter gelegentlichem Rühren goldbraun frittieren. Aus dem Öl nehmen und beiseitestellen.

Grüne Chilischoten im selben Öl 1 Minute braten. Herausnehmen und beiseitestellen.

Nun das Vada Pav zusammenstellen. Jedes Brötchen zu drei Viertel (nicht ganz) durchschneiden, 1 TL Lili-Chutney auf der oberen Hälfte des Brötchens, etwas Nuss-Chutney auf der unteren Hälfte verteilen und mit ein wenig Bhundi abschließen. Ein Vada mit etwas Amli-Chutney in das Brötchen geben, grüne Chilischote dazulegen und sofort verzehren.

ATHANU
BEILAGEN, CHUTNEYS & PICKLES

RAITA

KÜHLENDER JOGHURT

(GF) (NF)

Pickles machen Mahlzeiten pikant, während Raita die gegenteilige Wirkung besitzt; es dient dazu, ein würziges Curry zu kühlen. Joghurt wird in jedem Raita-Rezept verwendet und diese kühlende Kombination von Karotte, Gurke und grüner Chilischote passt gut zusammen. Das Beste ist, dass es schnell, leicht und ohne Kochen zuzubereiten ist.

180 g Naturjoghurt
1 Karotte, geschält und geraspelt
¼ Gurke, geraspelt
2 grüne Chilischoten, gehackt
1 TL Zucker
½ TL Salz
1 TL gelbe Senfkörner

ERGIBT 2 PORTIONEN

Joghurt in eine Schüssel geben und geraspelte Karotte und Gurke unterziehen. Gehackte Chilischote, Zucker, Salz und Senfkörner zugeben und verquirlen. Dabei nicht übertreiben, sonst zerfällt der Joghurt.

Man kann diesen Joghurt in einem luftdicht verschließbaren Behälter bis zu 3 Tage im Kühlschrank aufbewahren.

TIPP: *Für die vegane Variante einfach Joghurt mit einer veganen Alternative ersetzen.*

MITHU DAHI

SÜSSER JOGHURT

(GF) (NF)

Dieser gesüßte Joghurt bringt Kühle in ein Gericht und gleicht die Würzigkeit von Chutneys aus. Es ist ideal für Streetfood-Gerichte – machen Sie also gleich eine größere Menge von Mithu Dahi im Voraus, bewahren Sie es im Kühlschrank auf und träufeln Sie es nach Geschmack über das Gericht. Manchmal gebe ich süßen Joghurt als Alternative zu oben stehendem Raita über ein Curry.

125 ml Naturjoghurt
⅛ TL Salz
1 EL Zucker
1 Prise Ingwer, gemahlen

ERGIBT 2 PORTIONEN

Alle Zutaten in eine Schüssel geben und verquirlen, damit sich alles verbindet. Dabei nicht übertreiben, sonst zerfällt der Joghurt.

Man kann diesen Joghurt in einem luftdicht verschließbaren Behälter bis zu 3 Tage im Kühlschrank aufbewahren.

TIPP: *Für die eine Variante einfach Joghurt mit einer veganen Alternative ersetzen.*

NUTBROWN
STAINLESS STEEL
MADE IN ENGLAND

SAMBHARO

PIKANTER KRAUTSALAT

(V) (GF) (NF)

Sambharo ist ein Gujarati-Gericht aus gehobeltem Kraut und Karotten, die mit einem Gewürzöl (Vagar) aus Curryblättern in der Pfanne gebraten werden. Ich brate das Gemüse nur kurz, bis es zwar zart ist, aber bissfest und knackig bleibt. Sambharo isst man normalerweise als Beilage zu einem Hauptgericht, aber ich serviere es oft mit indischen Snacks wie Gathiya (siehe Seite 115). Bei mir bleibt oft Gemüse über, deshalb bereite ich es häufig zu und genieße es als einfachen Salat.

- **½ kleiner Krautkopf (etwa 200 g), in dünne Streifen gehobelt**
- **2 Karotten, geschält und in 5 cm lange schmale Stifte geschnitten**
- **4 TL Sonnenblumenöl**
- **½ TL Kreuzkümmelsamen**
- **⅓ TL Asafoetida**
- **15 Curryblätter**
- **2 grüne Chilischoten**
- **½ TL Kurkuma, gemahlen**
- **½ TL Salz**
- **½ TL Chilipulver**
- **½ TL Zitronensaft, frisch gepresst**

ERGIBT 4 PORTIONEN

Kraut und Karotten in einer Schüssel vermengen.

Öl in einer Pfanne bei mittlerer Hitze 1 Minute erwärmen. Einige Kreuzkümmelsamen in die Pfanne geben, um zu überprüfen, ob das Öl heiß ist; wenn sie zischen, ist es bereit.

Sobald das Öl heiß genug ist, Kreuzkümmelsamen zugeben und 20 Sekunden vorsichtig umrühren.

Asafoetida, Curryblätter und grüne Chilischoten zugeben und unter ständigem Rühren 20 Sekunden anbraten, um das Öl zu aromatisieren.

Kraut und Karotten zugeben und umrühren, um sie mit dem Gewürzöl zu überziehen. Kurkuma, Salz und Chilipulver zugeben, kurz umrühren und Zitronensaft zugießen. Alle Zutaten gut verrühren.

Sobald das Gemüse zart, aber noch bissfest ist, Pfanne vom Herd nehmen und Sambharo in eine Schüssel geben.

Wenn man diesen pikanten Krautsalat nicht sofort serviert, kann man ihn in einem luftdicht verschließbaren Behälter bis zu 3 Tage im Kühlschrank aufbewahren.

POSHO

GRÜNE BOHNEN & KAROTTEN MIT SENFKÖRNERN

(V) (GF) (NF)

Diese super einfachen Pickles kann man in Minutenschnelle zubereiten, da sie nicht gekocht werden. Sie enthalten ziemlich viel Chili, deshalb serviert man sie am besten als Beilage zu einem milden Curry.

1 kleine Karotte, gewaschen
50 g dünne grüne Bohnen (Prinzessbohnen), gewaschen
5 grüne Chilischoten
1 EL gelbe Senfkörner
1/8 TL Salz
1/8 TL Kurkuma, gemahlen
1 EL Sonnenblumenöl

ERGIBT 2 PORTIONEN

Karotte schälen und in dünne 5 cm lange Stifte schneiden. Spitzen der grünen Bohnen abschneiden.

Karotten und grüne Bohnen mit allen anderen Zutaten in einer Schüssel verrühren und dann in eine Servierschüssel geben. Sofort servieren.

Diese Pickles schmecken am Tag der Zubereitung am besten.

TIPPS: *Menge der grünen Chilischoten in diesem Gericht dem Geschmack anpassen. Diese frischen Pickles lassen sich nicht gut aufbewahren, machen Sie deshalb nur so viel Sie brauchen.*

LAL CHUTNEY

ROTES PAPRIKA-TOMATEN-CHUTNEY

(V) (GF) (NF)

Dieses Lal Chutney („lal“ bedeutet auf Gujarati „rot“) wird mit Streetfood Gerichten oder als Beilage zu Bhajia (siehe Seiten 32–45) gereicht.

1 rote Paprikaschote, entkernt und in grobe Stücke gehackt
2 Tomaten, geviertelt
1 daumengroßes Stück frischer Ingwer, geschält und gehackt
5 Knoblauchzehen, geschält
2 EL Sonnenblumenöl
1/2 TL Koriander, gemahlen
1/4 TL Kreuzkümmel, gemahlen
1/4 TL Salz
1/2 TL Zucker
3 EL Tomatenketchup
60 ml gehackte Tomaten aus der Dose
2 grüne Chilischoten
1 Handvoll frischer Koriander

ERGIBT 2 PORTIONEN

Ofen auf 180 °C vorheizen.

Paprikaschote und Tomaten auf ein Backblech legen. Ingwer, Knoblauch und Sonnenblumenöl zugeben und vermengen, sodass alles gut damit überzogen ist. Im heißen Ofen 20 Minuten rösten, bis die Paprika weich sind und die Tomaten zu zerfallen beginnen. Blech aus dem Ofen nehmen und auskühlen lassen. Wenn alles so kühl ist, dass man es angreifen kann, möglichst viel Haut von den Tomaten entfernen.

Inhalt des Backblechs in einer Küchenmaschine oder einem Mixer mit den restlichen Zutaten grob stückig pürieren. Wenn man es vorzieht, kann man es auch alternativ zu einer feinen Paste pürieren.

Dieses Chutney kann man in einem luftdicht verschließbaren Behälter bis zu 5 Tage im Kühlschrank aufbewahren.

Abgebildet auf der folgenden Seite mit süßem Mango-Chutney.

BATAKU

SÜSSES MANGO-CHUTNEY

(V) (GF) (NF)

Bataku ist eine Gujarati-Spezialität und ein großartiger Alleskönner. Dieses grüne Chutney aus unreifen Mangos bietet komplexe Geschmäcker und Aromen, darunter die sanfte Wärme von Kreuzkümmelsamen. Man kann dieses Chutney mit jedem Curry servieren oder es in ein Sandwich für extra Geschmack zugeben.

60 ml Sonnenblumenöl
2 TL Kreuzkümmelsamen
1 getrocknete rote Chilischote
1 x 2 cm lange Zimtstange, in kleine Stücke zerbrochen
3 grüne Kardamomkapseln
3 Gewürznelken
10 schwarze Pfefferkörner
1/3 TL Asafoetida
1 große grüne (unreife) Mango, geschält und in 2–3 cm große Stücke geschnitten
200 g Zucker

MASALA-MISCHUNG
1 TL Chilipulver
1/2 TL Zimt, gemahlen
1/4 TL Kardamom, gemahlen
1/4 TL Salz

ERGIBT ETWA 270 G

Ofen auf 180 °C vorheizen

Ein hitzebeständiges Glas waschen und 10–12 Minuten im heißen Ofen trocknen und sterilisieren. Glas vorsichtig aus dem Ofen nehmen und zum Auskühlen umgedreht auf ein sauberes Geschirrtuch stellen.

Öl in einer Pfanne bei mittlerer Hitze 2–3 Minuten erwärmen, dann Kreuzkümmelsamen zugeben. Sobald sie aufspringen, getrocknete Chili, Zimtstange, grüne Kardamomkapseln, Gewürznelken, schwarze Pfefferkörner und Asafoetida zugeben. Kurz umrühren und 30 Sekunden erhitzen.

Mangostücke zugeben und 2 Minuten unter ständigem Rühren kochen, bis sie auszutrocknen beginnen.

Auf niedrige Hitze reduzieren und dann Zucker darin auflösen und erhitzen, bis sich ein Faden ziehen lässt. Um das zu überprüfen, einen Holzlöffel in den Zuckersirup tauchen und auskühlen lassen, denn er ist sehr heiß und könnte Verbrennungen verursachen. Den ausgekühlten Zucker zwischen Daumen und Zeigefinger nehmen und die Finger vorsichtig auseinander ziehen. Die richtige Konsistenz ist erreicht, wenn sich zwischen Daumen und Zeigefinger ein einzelner Faden zieht, der nicht reißt.

Pfanne vom Herd nehmen und die Mango-Mischung 10 Minuten auskühlen lassen.

Alle Zutaten für die Masala-Mischung in die Pfanne geben und vorsichtig verrühren, sodass alles gut vermengt ist.

Chutney in das sterilisierte Glas geben und kühl und trocken maximal 2 Wochen aufbewahren.

KERI NO CHUNDO

SÜSSSAURE GRÜNE MANGO-PICKLES

(V) (GF) (NF)

Keri no chundo sind klebrige, süß-scharfe Mango-Pickles aus geraspelter grüner (unreifer) Mango und Gewürze. Es ist ein köstliches traditionelles Relish, das man in den meisten Gujarati-Haushalten findet. Versuchen Sie eine Rajapuri Mango, wenn Sie eine bekommen, andernfalls funktioniert das Rezept auch mit jeder anderen grünen Mango. Traditionellerweise macht man Keri no chundo, indem man das Glas mit der Mango-Mischung einige Tage in der heißen Sonne stehen lässt, sodass die Pickles unter den starken Sonnenstrahlen des indischen Sommers kochen. Dies ist meine gekochte Version, die für uns auf langen Reisen ein absolutes Muss ist und perfekt zu Theplas (siehe Seite 96) passt.

1 große grüne (unreife) Mango
60 ml Sonnenblumenöl
1 TL Kreuzkümmelsamen
⅓ TL Asafoetida
2 getrocknete rote Chilischoten
3 Gewürznelken
1 x 2 cm lange Zimtstange
3 grüne Kardamomkapseln
5 schwarze Pfefferkörner
250 g Zucker

MASALA-MISCHUNG

½ TL Zimt, gemahlen
¼ TL Salz
¼ TL Garam masala
½ TL Chilipulver
¼ TL schwarzer Pfeffer, gemahlen

ERGIBT 2–4 PORTIONEN

Ofen auf 180 °C vorheizen.

Ein hitzebeständiges Glas waschen und 10–12 Minuten im heißen Ofen trocknen und sterilisieren. Glas vorsichtig aus dem Ofen nehmen und zum Auskühlen umgedreht auf ein sauberes Geschirrtuch stellen.

Mango schälen, Kern entfernen und Fruchtfleisch raspeln (mit der gröbsten Reibefläche).

Öl in einer Pfanne bei mittlerer Hitze 2 Minuten erwärmen, dann Kreuzkümmelsamen zugeben. Sobald sie aufspringen, Asafoetida und getrocknete Chili zugeben. Kurz umrühren und 30 Sekunden erhitzen. Gewürznelken, Zimtstange, Kardamomkapseln und Pfeffer zugeben. Danach geraspelte Mango in die Pfanne geben und 2 Minuten unter ständigem Rühren kochen.

Auf niedrige Hitze reduzieren und dann Zucker darin auflösen und erhitzen, bis sich ein Faden ziehen lässt. Um das zu überprüfen, einen Holzlöffel in den Zuckersirup tauchen und auskühlen lassen, denn er ist sehr heiß und könnte Verbrennungen verursachen. Den ausgekühlten Zucker zwischen Daumen und Zeigefinger nehmen und die Finger vorsichtig auseinander ziehen. Die richtige Konsistenz ist erreicht, wenn sich zwischen Daumen und Zeigefinger ein einzelner Faden zieht, der nicht reißt.

Pfanne vom Herd nehmen und Mango-Mischung 4–5 Minuten auskühlen lassen.

Alle Zutaten für die Masala-Mischung in die Pfanne geben und vorsichtig verrühren, sodass alles gut vermengt ist.

Pickles in das sterilisierte Glas geben und kühl und trocken maximal 1 Monat aufbewahren.

AMLI CHUTNEY

DATTELN-TAMARINDEN-CHUTNEY

(V) (GF) (NF)

Ein großartiges, vielseitiges Chutney – herb, pikant, süß und eines der am häufigsten verwendeten Chutneys der indischen Küche.

100 g getrockneter Tamarindenblock, in kleine Stücke gebrochen
480 ml kochendes Wasser
100 g Datteln, entkernt und in 2 cm große Stücke gehackt
250 g Zucker
250 g geriebener Palmzucker/Rohrohrzucker
1 TL Salz
1 TL Chilipulver
2 EL Kreuzkümmel, gemahlen
⅔ TL schwarze Pfefferkörner, im Mörser zu Pulver zerstoßen
2 TL Fenchelsamen

ERGIBT 2 X 500 ML-GLÄSER

Tamarinden in eine Schüssel geben, mit der Hälfte des kochenden Wassers übergießen und 30 Minuten quellen lassen.

Datteln in eine separate Schüssel geben, mit restlichem kochenden Wasser übergießen und 30 Minuten einweichen.

Tamarindenmischung durch ein Sieb in eine dritte Schüssel gießen, um die Samen zu entfernen. Wenn die Mischung zu dick ist, einen Spritzer Wasser zugießen.

Datteln mit dem Einweichwasser in einem Mixer zu einer weichen Paste pürieren.

Einen großen Topf bei mittlerer Hitze 2–3 Minuten erwärmen. Tamarinden und Datteln sowie alle restlichen Zutaten mit 120 ml Wasser in den Topf geben und 25 Minuten kochen, bis das Chutney ziemlich eingedickt ist. Dabei ständig umrühren, damit es nicht anbrennt.

Herd abschalten und Chutney im Topf auskühlen lassen, dabei gelegentlich umrühren. Sobald es kühl genug ist, Wasser bis zur gewünschten Konsistenz zugießen.

Ofen auf 180 °C vorheizen und 2 hitzebeständige Gläser sterilisieren (siehe Seite 143). Chutney in die sterilisierten Gläser geben und maximal 3 Wochen im Kühlschrank aufbewahren.

LILI CHUTNEY

MINZE-KORIANDER-CHILI-CHUTNEY

(V) (GF) (NF)

Dieses super-frische Chutney verleiht jedem Gericht oder Snack, mit dem es serviert wird, sofort Aromen und Frische. Es ist auch ein toller Aufstrich für Sandwiches.

25 g frische Minzeblätter
50 g frische Korianderblätter
3 grüne Chilischoten
1 daumengroßes Stück frischer Ingwer, geschält
5 Knoblauchzehen, geschält
½ TL Salz
½ TL Kreuzkümmelsamen
½ TL Zitronensaft, frisch gepresst
1 TL Zucker

ERGIBT 1 PORTION

Minze- und Korianderblätter mit kaltem Wasser waschen und mit Küchenpapier trocknen.

Alle Zutaten in einer Küchenmaschine oder einem Mixer glatt pürieren.

Dieses Chutney kann man in einem luftdicht verschließbaren Behälter bis zu 3 Tage im Kühlschrank aufbewahren.

LIMBU NU ATHANU

ZITRONEN-PICKLES

(V) (GF) (NF)

Dies sind angenehm frische Zitronen-Pickles, die sehr leicht zuzubereiten sind. Ich muss gestehen, sie gehören zu meinen Favoriten! Ich habe immer ein Glas oder zwei in meinem Vorratsschrank. Man braucht sie nicht zu kochen, man lässt die Zitronen einfach in Salz fermentieren, bevor man sie der Masala-Mischung zugibt. Die Zeit, die man für die Zubereitung dieser Pickles braucht, hängt von der Art der verwendeten Zitronen ab. Versuchen Sie, Zitronen mit einer dünnen Schale zu bekommen, und seien Sie geduldig. Das Ergebnis ist es wert! Diese Pickles schmecken köstlich mit jedem Curry wie Chana Dal (siehe Seite 78), oder man genießt sie einfach mit Broten wie Tikka Thepla (siehe Seite 96) oder Aloo Paratha (siehe Seite 92).

500 g ungewachste Zitronen
2 EL Salz

MASALA-MISCHUNG
300 g Zucker
1 TL Chilipulver
1 EL Koriander, gemahlen
1 EL Kreuzkümmel, gemahlen
¼ TL Kurkuma, gemahlen
1 EL Kashmir-Chili/Chilipulver

ERGIBT 2 X 500 ML-GLÄSER

Zitronen gründlich waschen und in etwa 1 cm große Stücke schneiden. Diese mit dem Salz in eine Schüssel geben und vermengen. Schüssel abdecken und 7 Tage an einem kühlen Ort stehen lassen.

Die Schüssel 7 Tage lang jeden Tag öffnen und die Zitronen umrühren, dann überprüfen, ob sie fertig fermentiert sind; die Zitronen sollten zwischen den Fingern auseinander brechen. Sollten sie noch nicht so weit sein, Schüssel weiter stehen lassen und jeden Tag schütteln. Einfach geduldig sein!

Sobald die Zitronen fermentiert sind, restliche Zutaten für die Masala-Mischung zu den Zitronen geben und gründlich vermengen.

Ofen auf 180 °C vorheizen.

Zwei hitzebeständige Gläser waschen und 10–12 Minuten im heißen Ofen trocknen und sterilisieren. Gläser vorsichtig aus dem Ofen nehmen und zum Auskühlen umgedreht auf ein sauberes Geschirrtuch stellen.

Pickles in das sterilisierte Glas geben und kühl und trocken maximal 6 Monate aufbewahren.

ANMERKUNG: *Diese Pickles kann man auch schon zugeben, wenn man die Currys kocht – so bekommen der Geschmack sogar noch mehr Tiefe.*

MITHAI
SÜSSSPEISEN

GAJAR HALWA

INDISCHER KAROTTEN-PUDDING

(GF)

Gajar Halwa ist das beliebteste Dessert in unserem Restaurant. „Gajar" bedeutet auf Gujarati „Karotten" – eigentlich ist dieses Halwa ein Karotten-Pudding. Die Karotten werden langsam in Milch gekocht, bis die ganze Flüssigkeit verdampft ist – das verleiht dem Pudding seinen unverwechselbaren Geschmack und die angenehm weiche Textur. Es existieren in Indien viele Arten, Halwa zuzubereiten; obwohl meine Methode einfach ist, benötigt sie etwas mehr Zeit als andere.

40 g/3 EL Ghee
2 große Karotten, geschält und geraspelt
60 ml Vollmilch
75 g Zucker
100 g Milchpulver
1 TL Kardamom, gemahlen
2 TL geröstete Nüsse (Mischung aus ungesalzenen Cashew-Nüssen, Mandeln und Pistazien), gehackt, plus extra zum Garnieren
Essbare Blüten, zum Garnieren
Kokos- oder Vanilleeis, zum Servieren

ERGIBT 4 PORTIONEN

Ghee in einem Topf bei niedriger Hitze schmelzen lassen. Geraspelte Karotten zugeben und 3–4 Minuten rühren, bis die Karotten weich werden.

Milch zugießen und unter ständigem Rühren 10–15 Minuten kochen lassen, bis die Milch verdampft ist und die Karotten ganz weich sind.

Zucker zugeben und solange rühren, bis er sich in der Karotten-Mischung aufgelöst hat. Achtgeben, dass sich die Karotten nicht am Topfboden anlegen.

Milchpulver zugeben und kräftig umrühren, bis es sich gänzlich mit den Karotten verbunden hat. Kardamom und gehackte Nüsse zugeben, 2–3 Minuten kräftig rühren, dann Topf vom Herd nehmen.

Halwa auf eine Platte geben und mit gehackten Nüssen und essbaren Blüten garnieren. Entweder kalt oder warm mit einer Kugel Eis servieren.

TIPPS: *Versuchen Sie das Rezept mit roten Karotten, wenn Sie welche finden, andernfalls einfach normale Karotten verwenden.*

Wir servieren Halwa im Restaurant mit qualitativ hochwertigem Kokoseis, es schmeckt jedoch mit Vanilleeis oder einfach allein auch köstlich.

Wenn man das Halwa kalt servieren will, kann man es in eine Form oder auf ein Tablett geben, setzen lassen und dann aus der Form stürzen oder zum Servieren in Würfel schneiden.

KHEER

REIS-PUDDING

(GF)

Dieser indische Reis-Pudding ist einfach himmlisch! Dass cremige Dessert serviert man in Indien bei den meisten Festivals und Feierlichkeiten. Kheer war zu Hause immer schon eines der Lieblingsessen unserer Familie an kalten Wintertagen.

350 ml Vollmilch
50 ml Kondensmilch
50 g gekochter Reis (Methode siehe Seite 99)
1 Prise Safran
½ TL Kardamom, gemahlen
2 TL geröstete Nüsse (Mischung aus ungesalzenen Cashewkernen, Mandeln und Pistazien), gehackt
2 EL Zucker
Granatapfelkerne und frische Minzeblätter, zum Garnieren

ERGIBT 4 PORTIONEN

Milch in einem Topf mit schwerem Boden zum Kochen bringen, Hitze reduzieren und 2–3 Minuten köcheln lassen.

Kondensmilch zugießen und 3–4 Minuten leicht köcheln lassen, dabei ständig umrühren, damit die Mischung nicht anbrennt. Die Milch sollte eine cremige Konsistenz haben.

Gekochten Reis in den Topf geben, vorsichtig umrühren, zudecken und weitere 2–3 Minuten köcheln lassen.

1 Prise Safran zugeben – Safran ist sehr stark, eine kleine Prise ist daher ausreichend – und vorsichtig umrühren.

Topf vom Herd nehmen, Kardamom, Nüsse und Zucker zugeben. So lange rühren, bis sich der Zucker vollständig aufgelöst hat und der Kardamom gleichmäßig verteilt ist.

Kheer auf individuelle Schüsselchen verteilen und warm oder kalt mit einigen Granatapfelkernen und Minzeblättern garniert servieren.

LAPSI

WEIZENSCHROT-DESSERT

Das ist eine traditionelle indische Süßspeise, die man oft bei religiösen Feierlichkeiten isst. Es gibt zwei Arten von Weizenschrot – grob und fein. Hier sollten Sie immer die grobe Variante verwenden; und kochen Sie den Weizenschrot bei niedriger Hitze, damit er nicht anbrennt.

2 EL Ghee
100 g grober Weizenschrot
400 ml kochendes Wasser
50 g Palmzucker/Rohrohrzucker
1 Prise Safran
1 TL Kardamom, gemahlen
2 TL Sultaninen/gelbe Rosinen, plus extra zum Garnieren
1 EL geröstete Nüsse (Mischung aus ungesalzenen Cashewkerne, Mandeln und Pistazien), gehackt

ERGIBT 4 PORTIONEN

Ghee in einem Topf bei niedriger Hitze schmelzen lassen. Weizenschrot zugeben und 5 Minuten unter Rühren rösten, bis er eine tief braune Farbe annimmt.

Kochendes Wasser zugießen und umrühren, bis der Weizenschrot das Wasser vollständig aufgesogen hat.

Palmzucker zugeben und sobald er geschmolzen ist, Safran, Kardamom und Sultaninen zugeben.

Rühren bis der Zucker vollständig absorbiert ist und die Lapsi-Mischung sich leicht vom Topfrand löst.

Topf vom Herd nehmen, Lapsi leicht auskühlen lassen, auf individuelle Schüsselchen verteilen und warm oder kalt mit gehackten Nüssen und Sultaninen garniert servieren.

Man kann Lapsi in einem luftdicht verschließbaren Behälter bis zu 3 Tage im Kühlschrank aufbewahren.

LADOO

WEIZENMEHL-PALMZUCKER-SÜSSSPEISE

(NF)

Ladoos werden in Indien während des Winters als Super-Food betrachtet, denn man denkt, dass Mehl und Palmzucker den Körper warm halten.

150 g plus 2 EL Vollkorn-Weizenmehl
75 g Grieß
100 g Ghee (50 g schmelzen und 50 g beiseitestellen)
Sonnenblumenöl, zum Frittieren
200 g geriebener Palmzucker/Rohrohrzucker
1 EL Kardamom, gemahlen
Weiße Mohnsamen zum Garnieren

ERGIBT 8 PORTIONEN

In einer Schüssel Mehl, Grieß und geschmolzenes Ghee vermengen. Nach und nach 90 ml Wasser zugießen und zu einem weichen, glatten Teig verarbeiten. In etwa 30 g schwere Stücke teilen und zu Kugeln rollen.

Genug Sonnenblumenöl in einer Pfanne mit schwerem Boden bei mittlerer Hitze erwärmen. Vorsichtig einige Teigkugeln ins heiße Öl gleiten lassen und 3–4 Minuten goldbraun frittieren. Danach aus dem Öl nehmen und auf Küchenpapier abtropfen und auskühlen lassen.

Vorgang mit den restlichen Teigkugeln wiederholen.

Frittierte Teigkugeln in kleine Stücke zerbrechen und in einem Mixer zu feinen Bröseln zerreiben. Diese in eine Schüssel sieben. Zu große Krumen nochmals zerreiben.

Restliches Ghee in einem Topf bei niedriger Hitze schmelzen. Palmzucker zugeben und kräftig umrühren, bis Ghee und Zucker verbunden sind. Mischung nicht zu lange kochen, da sie sonst fest wird und man von vorne beginnen muss. Zucker-Ghee-Mischung zu den Teigbröseln geben und vorsichtig vermengen. Kardamom zugeben und kräftig umrühren. Der Teig sollte nun feucht sein.

Feuchten Teig in 8 gleich große Stücke teilen. Mit den Händen jedes Stück zu einer Kuppel formen und auf ein Tablett legen. Ladoos mit Mohnsamen bestreuen und zum Festwerden stehen lassen.

Diese Ladoos isst man am besten frisch, aber man kann sie auch in einem luftdicht verschließbaren Behälter einige Tage aufbewahren.

TIPP: *Ladoo-Mischung nicht zu sehr auskühlen lassen, sonst wird sie zu hart, um sie zu formen; man muss damit arbeiten, so lange sie noch warm ist.*

SHEERO
GRIESS-SÜSSSPEISE

Diese traditionelle indische Süßspeise aus Grieß mache ich häufig zu Hause, da sie schnell zubereitet ist und nur wenige Zutaten enthält. Ich serviere sie als Abschluss nach dem Hauptgang, denn es ist eine nette Nachspeise. Während Hindu-Festivals wird Sheero oft den Göttern geopfert, um deren Segen zu erhalten.

100 g Ghee
150 g Grieß
850 ml Vollmilch
200 g Zucker
1 TL Kardamom, gemahlen
2 TL geröstete Nüsse (Mischung aus ungesalzenen Cashewkernen, Mandeln und Pistazien), gehackt
30 g Sultaninen/gelbe Rosinen (optional)

ERGIBT 6 PORTIONEN

Ghee in einem Topf bei niedriger Hitze schmelzen lassen. Grieß zugeben und goldbraun rösten, dabei ständig umrühren, damit er nicht anbrennt. Ghee wird sich vom Grieß an den Pfannenrändern absetzen.

In der Zwischenzeit in einem Topf die Milch zum Kochen bringen, Hitze reduzieren und leicht köcheln lassen.

Sobald der Grieß goldbraun ist, Milch vorsichtig in die Pfanne gießen – die Mischung wird zu spritzen beginnen, deshalb Vorgang über der Spüle durchführen.

Pfanne zurück auf den Herd stellen und ständig rühren, bis die Milch vollständig vom Grieß aufgesogen ist. Innerhalb weniger Minuten wird sich der Grieß aufblähen und sich von der Pfanne lösen.

Zucker zugeben und weiter kräftig rühren, damit die Masse nicht klebt oder anbrennt. Die Konsistenz des Sheero wird zuerst weicher, aber dann in nur wenigen Minuten eindicken.

Kardamom zugeben und einige Minuten auf dem Herd lassen, darauf achten, dass der Kardamom gleichmäßig verteilt ist. Das Sheero ist fertig, sobald es sich von der Pfanne löst.

Pfanne vom Herd nehmen, Sheero umrühren und auskühlen lassen. Wenn gewünscht, mit Sultaninen und gehackten Nüssen bestreuen. Warm oder kalt genießen.

TIPPS: *Es ist bei diesem Gericht wichtig, während des Kochens ständig umzurühren und die Pfanne nicht aus den Augen zu lassen. Sheero bei niedriger bis mittlerer Hitze kochen, doch Hitze sofort reduzieren, wenn es zu heiß wird. Auch darauf achten, dass die Milch kocht, bevor man den Grieß zugibt. Vorsicht beim Zugießen der Milch, da die Masse zischt und spritzt.*

So wie bei jedem Rezept ist Süße Geschmacksache. Dieses Gericht kann sehr süß sein, deshalb sollte man die Zuckermenge dem eigenen Geschmack anpassen.

SHRIKHAND

SÜSSER ABGETROPFTER JOGHURT

GF

Das ist ein sehr populäres traditionelles Dessert, das bei Hochzeiten und Festivals serviert wird. Es ist nicht schwer zuzubereiten und muss nicht gekocht werden, doch man sollte genug Zeit einplanen, um den Joghurt abtropfen zu lassen. Es gibt schnellere Rezepte mit dickem griechischen Joghurt, aber das ist die Art, wie ich es immer zubereite. Man kann es als Nachspeise essen oder mit Puri (siehe Seite 95) als Teil eines Hauptgangs servieren.

500 g Naturjoghurt
130 g Puderzucker
1 TL Kardamom, gemahlen
½ TL Vollmilch
1 große Prise Safran
2 TL geröstete Nüsse (Mischung aus ungesalzenen Cashewkernen, Mandeln und Pistazien), gehackt)
Granatapfelkerne und essbare Blüten, zum Garnieren

Musseline- oder Mulltuch

ERGIBT 4 PORTIONEN

Joghurt in ein Mulltuch füllen, Ecken oben zusammenführen und verschließen. Drehen, um die Flüssigkeit auszudrücken. Weiterdrehen und dann die Enden zu einem Knopf binden. Tuch über eine Abtropftasse hängen und die Molke 12–15 Stunden abtropfen lassen.

Tuch abnehmen und abgetropften Joghurt mit Zucker und Kardamom in einer Schüssel glatt rühren.

Ein Sieb über eine Schüssel legen und Joghurt durch das Sieb drücken.

Milch und Safran in einer kleinen Schüssel vorsichtig verquirlen. Schüssel in die Mikrowelle stellen und 10 Sekunden auf höchster Stufe erhitzen. Safran-Milch zum Joghurt gießen.

Vorsichtig 1 EL Nüsse in das Shrikhand mischen, das eine reiche, cremige Konsistenz aufweisen sollte. Schüssel mit Frischhaltefolie abdecken und Shrikhand einige Stunden kalt stellen.

Shrikhand auf individuelle Schüsselchen verteilen und mit den restlichen Nüssen, Granatapfelkernen und essbaren Blüten garnieren. Shrikhand kann man bis zu 1 Woche im Kühlschrank aufbewahren.

TIPPS: *Shrikhand sollte eine angenehm dicke Konsistenz haben, deshalb darf man nicht zu kräftig rühren, da es sonst zu flüssig wird. Zutaten immer vorsichtig unter den Joghurt mischen.*

Wenn man keinen Safran hat, kann man einige Tropfen gelbe Lebensmittelfarbe verwenden.

PINUM
DRINKS

MASALA CHAI

GEWÜRZTEE

(GF) (NF)

Inder lieben Chai! Für Masala Chai lässt man Teeblätter mit aromatischen Gewürzen köcheln, die dann mit Milch aufgekocht werden. Das Ergebnis ist ein angenehm warmes, duftendes Gebräu. Es gibt hier kein Richtig oder Falsch; adaptieren Sie einfach das Verhältnis von Masala-Chai-Gewürzmischung, Zucker und Milch nach Ihrem Geschmack.

½ TL Masala-Chai-Gewürzmischung (siehe unten)
1 Teebeutel oder 1 TL lose Teeblätter
1 TL Zucker
120 ml Vollmilch

ERGIBT 1 PORTION

240 ml Wasser in einem Topf bei starker Hitze zum Kochen bringen. Hitze reduzieren, Teebeutel oder lose Teeblätter und Gewürzmischung zugeben und 1 Minute ziehen lassen.

Zucker und Milch zugeben und bei starker Hitze zum Kochen bringen. Hitze reduzieren und Masala Chai einige Minuten köcheln lassen. Durch ein Sieb in ein hitzebeständiges Glas gießen und sofort servieren.

ANMERKUNG: *Dieses Rezept ergibt einen Drink, man kann es aber leicht verdoppeln oder verdreifachen, um mehr davon zu servieren.*

MASALA-CHAI-GEWÜRZMISCHUNG

(V) (GF) (NF)

Diese wunderbar duftende Masala-Chai-Gewürzmischung hebt Ihren Tee auf ein höheres Level. Jede Familie hat eine eigene Mischung – das ist meine.

3 EL grüne Kardamomkapseln, im Ganzen
2 EL schwarze Pfefferkörner
2 EL Gewürznelken
1 x 15 cm lange Zimtstange, in Stücke gebrochen
3 EL Fenchelsamen
1 EL schwarze Kardamomkapseln, im Ganzen
1 ganze Muskatnuss, im Mörser zerstoßen
4 EL Ingwer, gemahlen

ERGIBT ETWA 125 G (GENUG FÜR ETWA 45 TASSEN MASALA CHAI)

Eine Pfanne bei niedriger Hitze erwärmen und grünen Kardamom, schwarze Pfefferkörner, Gewürznelken, Zimtstange, Fenchelsamen und schwarzen Kardamom zugeben. 4–5 Minuten leicht rösten, dabei die Gewürze ständig bewegen, sodass sie nicht zu heiß werden.

Gewürze aus der Pfanne nehmen und auf einem Teller auskühlen lassen.

Gewürze mit zerstoßener Muskatnuss im Mixer fein zerreiben.

Aus dem Mixer nehmen und mit dem gemahlenen Ingwer vermengen.

Die Gewürzmischung kann man in einem luftdicht verschließbaren Behälter bis zu 6 Monate aufbewahren und verwenden, wann immer man eine Tasse Masala Chai möchte.

MITHI LASSI

SÜSSER JOGHURT-DRINK

(GF) (NF)

Lassis gibt es in vielen Varianten: süß, salzig und mit Mango. Sie passen gut zu pikanten Gerichten, da Joghurt die Geschmacksknospen auf natürliche Weise kühlt. Unser süßes Lassi ist ein reichhaltiger, köstlicher Drink, einfach zuzubereiten und in unserem Restaurant äußerst beliebt.

240 ml vollfetter Naturjoghurt
2 EL Vanilleeis
1½ EL Puderzucker
100 ml Vollmilch
Einige Eiswürfel (optional)

ZUM GARNIEREN
1 Prise Kreuzkümmel, gemahlen
Einige Granatapfelkerne

ERGIBT 1 PORTION

Joghurt, Eis und Zucker mit einer Spatel in einer Schüssel vorsichtig vermengen.

Milch in die Schüssel gießen und mit einem Handmixer glatt rühren.

Ein großes Glas bei Bedarf mit einigen Eiswürfeln füllen und mit Lassi übergießen. Drink mit 1 Prise Kreuzkümmel und einigen Granatapfelkernen garnieren. Sofort servieren. Wenn das Lassi sehr dick ist, mit einem Löffel servieren.

CHAAS

PIKANTER JOGHURT-DRINK

(GF) (NF)

Traditionelles Chaas wird zubereitet, indem man kalten Joghurt mit Wasser und den Gewürzen, die man liebt, mischt, aber ich mag meines einfach nur mit Salz und Kreuzkümmel. Das ist ein angenehm erfrischender Drink, den man mit einem Hauptgang serviert oder an heißen Sommertagen allein genießt.

260 ml Naturjoghurt
½ TL Salz
¼ TL Kreuzkümmel, gemahlen
Einige Eiswürfel
1 Prise geröstete Kreuzkümmelsamen, zum Garnieren

ERGIBT 2 PORTIONEN

Joghurt, Salz und gemahlenen Kreuzkümmel in einer Schüssel mit 160 ml Wasser kräftig verquirlen. Sobald das Chaas aufschäumt, ist es fertig zum Servieren.

Zwei großes Gläser mit einigen Eiswürfeln füllen und mit Chaas übergießen. Mit gerösteten Kreuzkümmelsamen garnieren und sofort servieren.

MANGO LASSI

MANGO-JOGHURT-DRINK

(GF) (NF)

Lassis gibt es mit allen möglichen Geschmacksrichtungen, doch Mango ist wahrscheinlich die beliebteste. Mangos wachsen in Indien in großen Mengen, aber oft ist es nicht einfach, geschmackvolle reife Mangos anderswo zu finden, deshalb verwende ich oft Mango-Fruchtfleisch aus der Dose. Dieses Lassi ist eigentlich wie ein Früchte-Smoothie – großartig zum Frühstück oder als Dessert.

220 g Naturjoghurt
480 ml Mango-Fruchtfleisch aus der Dose
1 EL Puderzucker
Einige Eiswürfel (optional)

ZUM GARNIEREN
Frische Mango, gewürfelt
Granatapfelkerne
Frische Minzezweige

ERGIBT 2 PORTIONEN

Joghurt, Mango und Puderzucker in einem Mixer glatt pürieren.

Zwei große Gläser bei Bedarf mit einigen Eiswürfeln füllen und mit Lassi übergießen. Drinks mit einigen frischen Mangostücken, Granatapfelkernen und einem Minzezweig garnieren. Sofort servieren.

TIPPS: *Ich mag mein Mango-Lassi eher dickflüssig, aber man kann die Joghurtmenge je nach Geschmack anpassen.*

Wenn möglich, verwenden Sie Mango-Fruchtfleisch von Kesar- oder Alphonso-Mangos. Ansonsten machen Sie sich über die Sorten keine Gedanken.

LIMBU NU PANI

HAUSGEMACHTE LIMONADE

(V) (GF) (NF)

Limbu bedeutet auf Gujarati „Zitrone" und *pani* heißt „Wasser". Diese super erfrischende, hausgemachte Limonade ist ideal an einem heißen Sommertag. Die Sommer in Gujarat sind sehr heiß und man glaubt, Limbu nu pani würde gegen Hitzschlag helfen und den Körper rehydrieren.

1 Zitrone
½ TL Salz
3 EL Zucker
¼ TL Kreuzkümmelsamen, im Mörser zerstoßen

ZUM GARNIEREN
Zitronenspalten
1 TL Salz
Einige Eiswürfel
1 Handvoll frische Minzeblätter (optional)

ERGIBT 2 PORTIONEN

Eine Schüssel mit 280 ml Wasser füllen und den Saft einer Zitrone hineinpressen. Salz, Zucker und Kreuzkümmelsamen zugeben und umrühren.

Die Ränder von zwei großen Gläsern mit einer Zitronenspalte befeuchten. Salz in einer flachen Schüssel verteilen und die Glasränder langsam ins Salz tauchen. Dabei vorsichtig vorgehen und aufhören, sobald ein feiner Salzring am Glasrand sichtbar wird.

1 Handvoll Eiswürfel, Zitronenspalten und wenn gewünscht, Minzeblätter in die Gläser füllen und mit Limonade übergießen. Sofort servieren.

THANDAI

KALTE MILCH MIT NÜSSEN UND SAMEN

(GF)

Thandai ist ein erfrischendes Milchgetränk, das besonders während der Saison des Holi-Festivals populär ist. Der Begriff „thandai" ist abgeleitet vom Wort *thanda*, das auf Gujarati „kühl" bedeutet. Dieser Drink wird mit Nüssen und Gewürzen zubereitet, von denen man sagt, sie hätten kühlende Wirkung auf den Körper. Das Schöne an diesem Rezept ist, dass man die Gewürzmischung in voraus zubereiten und aufbewahren kann; also immer wenn mir nach Thandai ist, püriere ich einfach die anderen Zutaten mit einigen Esslöffeln der Gewürzmischung. Die Menge an Gewürzen und Zucker kann man leicht anpassen.

240 ml Vollmilch
1 EL Zucker
2 EL Thandai-Gewürzmischung (siehe unten)
2 EL Vanilleeis
Einige Eiswürfel (optional)
1 Prise getrocknete essbare Rosenblätter, zum Garnieren

ERGIBT 1 PORTION

Für das *Thandai* Milch, Zucker, Thandai-Gewürzmischung und Eiscreme in einer Küchenmaschine oder einem Mixer zur Konsistenz eines Milkshakes pürieren.

Einige Eiswürfel, wenn gewünscht, in ein großes Glas füllen und mit Thandai übergießen. Drink mit einigen getrockneten, essbaren Rosenblättern garnieren. Sofort servieren

THANDAI-GEWÜRZMISCHUNG

(V) (GF)

1¼ EL ungesalzene Mandeln
1¼ EL ungesalzene Cashewkerne
1¼ EL ungesalzene Pistazien
1¼ EL Fenchelsamen
1 Prise frisch gemahlenen schwarzen Pfeffer
2 TL Melonenkerne
1¼ EL weiße Mohnsamen
2 TL Kardamomsamen
1 große Prise Safran
½ TL frisch geriebene Muskatnuss
½ TL Ingwer, gemahlen

ERGIBT ETWA 125 G (GENUG FÜR ETWA 4 PORTIONEN THANDAI)

Für die Gewürzmischung eine Pfanne 2–3 Minuten bei mittlerer Hitze erwärmen. Herd abschalten und Mandeln, Cashewkerne und Pistazien in die Pfanne geben. Pfanne leicht schütteln. Nach 30 Sekunden restliche Zutaten der Gewürzmischung zugeben und 3 Minuten umrühren.

Gewürzmischung in einer Mühle zu feinem Pulver mahlen. Sobald die Gewürzmischung vollständig ausgekühlt ist, kann man sie in einem luftdicht verschließbaren Behälter bis zum Gebrauch aufbewahren.

REGISTER

DANKSAGUNG

Man kann durchaus sagen, dass ich mich in der Küche wohler fühle und mir das Schreiben nicht leicht fällt. Es lässt sich mit einer Reise nach Indien vergleichen: unglaublich schwierig, aber unglaublich bewegend! Nachdem ich 72 Jahre lang gekocht hatte, holte mich das Schreiben dieses Buches weit aus der Komfortzone, ich bin jedoch sehr stolz auf mein Buch.

Mein großer Dank gilt meinen Verlegern Ryland Peters und Small – insbesondere Megan, Leslie, Abi und Julia, für die harte Arbeit, dieses Buch so schön zu gestalten. Ich weiß, es war nicht einfach. Wir trafen während der gemeinsamen Reise auf Hindernisse, und ich schätze eure Geduld, Liebe und Ratschläge sehr.

Danke Hannah für alle tollen Requisiten für das Foto-Shooting.

Wie oft sagte ich, mich wahrhaft gesegnet zu fühlen! Ich genieße die Liebe und die Unterstützung der erstaunlichsten Familie. Danke an meine beiden Söhne, Jaymin und Naimesh! Sie machten meinen Traum durch das Geschenk des Manju's zu meinem 80. Geburtstag wahr. Ich danke auch meinen beiden Schwiegertöchtern, Dee und Kirti, die mit mir in der Küche arbeiten. Meine Familie hat Manju's zu dem gemacht, das es heute ist. Es war ein unglaubliches gemeinsames Unternehmen bisher, aber ich habe noch keine Pläne, meine Schürze an den Nagel zu hängen!

Großer Dank gebührt auch meinem jüngeren Bruder Vinod. Er glaubte an mich seit wir klein waren und ermutigte mich immer, ein Restaurant zu eröffnen. Nun, es dauerte eine Weile, aber es wurde wahr!

Troy Willis, dein Food-Styling ist außergewöhnlich – ich genoss es, dich während unserer Foto-Shootings zu beobachten.

Clare Winfield – du bist wirklich ein wunderbarer Mensch und wir sind selig, dich zur Freundin zu haben. Du hast deinen Zauber spielen lassen! Die Fotos sind atemberaubend und wir könnten nicht glücklicher sein. Wegen deiner Liebe und Freundschaft kam dieses Buch zustande. Danke, dass du RPS und uns zusammengebracht hast.

Meinem verstorbenen Mann bin ich den größten Dank schuldig! Du starbst während des Schreibens. Du warst mein größter Unterstützer! Ich zeigte dir die von Clare gemachten Fotos vom Essen und du schenktest mir dein breitestes Lächeln. Nun, ich weiß, du lächelst auch von oben auf mich herab! Ich liebe dich und vermisse dich jeden Tag.

Letztlich danke ich meinen Lesern für den Kauf dieses Buchs. Ich hoffe, es macht Spaß, meine Rezepte nachzukochen und mit Freunden und Familie zu teilen; hoffentlich haben Sie nun auch größeres Verständnis für vegetarisches indisches Essen, insbesondere für die wundervolle Küche von Gujarat.